中 国 知 网 全 文 收 录 辑 刊
劳动经济学会会刊 | 智联招聘品牌所有

CHO® 首席人才官

商 业 与 管 理 评 论

（第九辑）智联招聘 主编

中国财富出版社

图书在版编目（CIP）数据

首席人才官商业与管理评论. 第九辑/智联招聘主编. —北京：中国财富出版社，2018.10
ISBN 978-7-5047-6771-4

I. ①首… II. ①智… III. ①企业管理－人才－招聘－丛刊 IV. ①F272.92-55

中国版本图书馆CIP数据核字（2018）第239989号

策划编辑	惠 婳 葛晓雯	责任编辑	邢有涛 马 铭	责任发行	敬 东
责任印制	尚立业	责任校对	杨小静	装帧设计	张 娟

出版发行	中国财富出版社		
社 址	北京市丰台区南四环西路188号5区20楼	邮政编码	100070
电 话	010-52227588转2048/2028（发行部）		010-52227588转321（总编室）
	010-68589540（读者服务部）		010-52227588转305（质检部）
网 址	http://www.cfpress.com.cn		
经 销	新华书店		
印 刷	北京柏力行彩印有限公司		
书 号	ISBN 978-7-5047-6771-4/F·2943		
开 本	889mm×1194mm 1/16	版 次	2018年10月第1版
印 张	7.5	印 次	2018年10月第1次印刷
字 数	243千字	定 价	39.00元

共享之翼：平台组织和人力共享

一个时代有一个时代的经济形式。如同农业时代对应自然经济，工业时代对应商品经济一样，互联网时代也应有属于自己的主流经济形式，也许就是共享经济。之所以将其上升到经济形式，而不只是一种商业模式，因为其意义，可能远远超越商业领域。它最终所带来的，将会是社会生产、分配方式、经济发展方式和生活、工作方式巨大而深刻的变革。

历史上，任何一种经济的变革，都需要有支撑其成立和推动其发展的基础，包括资源、技术、需求、制度等。共享经济同样如此，在 1978 年，它首次作为一种概念被提出的时候，还只是一种基于过剩经济理论的存在。但今天，随着互联网技术的深入和普及，在由此带来的崭新商业模式的驱动下，它已经成为了轰轰烈烈的现实。

不同于以往的任何经济形式，共享经济可以说是一种“无边界”的经济形态，很难有一种清晰的边界或者固定的模式去框定它，它可以自我繁殖、可以自成生态，未来也可能有很多种的实现方式。但就目前来说，共享经济着落在商业和管理模式上，主要还是通过平台组织和人力共享的方式。

因此，平台组织的治理就成为新时代管理者要面临的一个大课题。在治理方法论之前的，首先是新的管理思想的跃升，基于互联网特性和共享规则的平台组织，一定不同于过去所有的组织，它的非结构化、灵活性，以及平等、普适、众赢、自适、无界等属性，要求我们必须以全新的视角和颠覆性思维来看待组织和企业。本辑中，刘东畅君《混沌中闪烁的光：平台型组织治理的将来时》、孙波教授《“互利共生”——人与组织价值的重新定位》等文章，以前瞻的视野和强调个体价值的人本基调，为我们揭示了这类平台组织进化的必然和应然。

与平台组织紧密相关的就是人力共享，严格来说，这种人力共享并不等同于过去传统经济中的“兼职”“挂靠”等非正式用工，它更像是一种人力资源的互联网分布方式或松散型“合作”，是一种建立在平等、互惠和自由基础上的新型合作而非雇佣关系。它是平台组织能够快速延伸和增长的先决条件，也是“共享”之所以是为“共享”的原因和结果。但是，正因为它超越了旧组织的藩篱，还没有形成新的成熟的规则和秩序，尤其是在安全机制、信任机制、风险机制等方面还存有较大的缺陷和漏洞，因此，也造成了许多痛心之事，为我们带来了悲痛、困惑和迷惘。本辑中，王琦博士《共享经济下的用工管理变革》、任艺女士《从滴滴事件看共享经济下平台企业的管理问题》等文章，对这一新型用工问题的风险、管控和变革等进行了深入地思考和剖析，也提出了建设性的意见。

不管怎样，时代的洪流总是滚滚向前的，共享经济已经揭开了它宏大历史舞台的序幕，我们所要做的，就是认真地投入到它的每一个角色。

杨洪峰

2018年9月1日

Contents 目录

本辑主题 共享之翼：平台组织和人力共享

1 前瞻 Prospects

Contents

Contents

Contents

更正与致歉声明

因本刊工作疏忽，将第八辑《宝马中国，以激情召唤未来——宝马中国的雇主品牌建设》一文作者赵琦女士的名字误写作"赵歧"，特此更正，并向赵琦女士及广大读者诚挚道歉！我刊将进一步严格编审流程，以杜绝此类事情再次发生。

本刊编辑部

发行
吴章隽

投稿邮箱
cho@zhaopin.com.cn

订阅电话
010-58692828-68168

Prospects
1 前瞻

混沌中闪烁的光：平台型组织治理的将来时

CREATE A NEW ERA OF HUMAN CAPITAL MANAGEMENT

“协同势能”需要依靠“规则保障”和“赋能牵引”去打造和维护，但其在生成后的发力才真正让平台蜕变成一个完整有机体，而不是平台和其上原子状的个体的简单相加。

刘东畅 | 人力资源专家，新锐管理研究者，阿里巴巴组织发展专家

初生的事物往往是野蛮的，
因为没有既定的规则束缚，却又要拼命生长。

可初生的事物又是温顺的，
在野蛮生长开始的刹那，
理性与文明之光就已经从一片混沌中发现了驯服它的可能性。

最近看到信息系统领域的顶尖期刊《管理信息系统季刊》（*MIS Quarterly*）上发表的一个研究成果很是有趣，讨论的是如何在“知乎”和Quora（一个问答网站）这样的在线社区上激励用户持续贡献内容（比如提问和答题），研究发现针对不同动机水平的用户，同一激励方式的效果会有很大的区别，即使对激励规则进行微小改动，也会明显让人更愿意去回答问题，比如让点赞变得更加容易，或者让勋章（称号）更容易获得。

这篇Paper（文章）在另一个侧面提示了平台组织和传统组织一个很重要的差异，即平台组织的管理更多会用规则触发行为，而非用管控约束行为。

因为平台组织的目的是规模化与灵活性、创新性并举地价值创造，其价值焦点来自聚集在平台上的个体或团队的自由与活力，这些自由与活力使平台的创造力不因其规模增长而衰减，反而可能因为平台具备了提供更大资源或更多连接的能力而变得更强。

15%

一个比较相似的比喻是，Brian Robertson（布赖恩·罗伯逊）在*Holacracy*（中文版译名《重新定义管理》）中所提到的一个研究结论：城市规模每扩大一倍，人均创新能力或生产力提升15%。然而，企业员工的创新能力或生产力随着企业规模的增大而降低。

这个结论背后的原因曾让很多人猜不透，但本文一开始提到的那篇Paper，却间接地道出了一个很重要的差异，就是要“规则”还是要“管控”。

传统企业组织的管理恨不得能标准化雇员的每一个动作，从早上几点钟上班，到待在什么位置，做什么事情，几点钟吃饭，几点钟午休，几点钟下班，可以休几天假，有些企业恨不得把上厕所的时间和次数都规定好，甚至还包括出差可以坐什么交通工具、住什么酒店、吃饭什么标准，然后人们发明了非常复杂的“胡萝卜加大棒”体系去实现这种管控。

于是我们有了考勤、绩效、岗位、工位、假期、考评、监督、固定和浮动工资、罚款、汰换等卷帙浩繁的说得上与说不上名字的管理制度，并且我们似乎已经变得很适应这些。

而且企业的规模越大，需要约束的情况就更加多样和复杂，管控只会变得越来越多，员工日常会牺牲相当大一部分精力去应对这些管控，比如一个会被无数人审过来审过去的采购流程，或者不知道为什么要开却又不得不开的会议，更不论说这些管控所导致的各种不信任感、不安全感和不幸福感等影响创新环境的关键要素。

凡此种种，很难想象一个企业在规模增大的同时，企业员工的生产力和创新力不会下降。

可是到了平台组织上，这种“管控”的方法自然会变得无效，因为你无法规定一个知乎的写手早上一定在几点登录平台答题，同样也无法去规定一个滴滴司机必须在几点开始接单，以及去规定一个淘宝卖家该几点营业。

因此当你搭车时既会碰到为了挣钱和维持高评价而使出浑身解数的专职司机，也会碰到业余时接几个单来打发时间的上班族或创业者（以前 Uber 中国还没被收购时会经常遇到，甚至还有专门为了招聘而在高科技企业聚集区域开豪车揽客的企业家），更可能碰到在号称“万能”的淘宝上挑战你想象力的各种商家。

然而平台的活力也来源于此：每一个平台上的个体与团队，都可以根据自己所面对的情况，在不违反平台规则的情况下，最大限度地自行选择策略。

而一个城市难道不也是这样吗？通过提供基础设施、基础服务、基本的规则（法律），以及一定的调控手段，就可以支撑这个范围内的组织和个人按照自己的策略去创造价值。即便一个城市的规划并不去着意考虑生产力和创新的因素，但它们的效果仍会显著呈现。

当然，规则的确立也并非简单的事情，最近的滴滴顺风车空姐遇害案刷爆了屏幕，几乎所有人都在质疑平台的安全性，对平台若干规则的质疑首当其冲，滴滴也已经用了很多规则变化去提升安全性，比如顺风车每次接单前都需要人脸识别，晚上十点以后不能接单，以及去掉了很多造成安全隐患的可能性较大的规则。

这让我想起 2017 年曾经遇到的一件小事。当时我用滴滴打车去机场，杭州机场高速收费规则是，从市区到机场不收费，机场到市区才收费。但是在去机场的路上司机就要收我高速费，我觉得诧异，难道高速费不应该是过站才收吗？那如果司机从机场又接了乘客再收一次费用，岂不是不当得利？于是我打电话给滴滴客服，最后客服解释说，因为司机去机场有可能会空车返回，所以如果严格按照产生过路费才收费，那么司机就不愿意去机场了。

相对于没有司机接单的后果，收取市区到机场高速费的不当得利行为，就只能存而不论了。虽说是一件小事，但从中反映出来，平台最忧心的问题是司机的供给量是否充足，这个问题对于平台存亡的重要性在个别乘客的体验之上（至少在滴滴客服的认知里是这样），所以在处理问题时会更倾向于从司机的角度去思考问题。

这背后映射的，还是目前平台整体立法技术和司法水平的低下。

平台规则的制定，对“立法技术”和“司法水平”的要求并不一定比政府更简单，特别在处于低水平竞争的平台之间，一个平台相对于另一个平台并没有显著的赋能水平差别，替代成本很低。一个在滴滴上开车的司机可以用非常低的成本切换到美团去开车，仅仅只需打开另外一个 App（应用程序）而已，平台对他的支持几乎没有任何不同。尽管可能如美团等新平台刚开始运营时使用的人相对少一些，但只要美团肯出补贴，并不是什么难事。除了滴滴自身以外的各方也都会很开心能多一种选择。毕竟以前 Uber 中国还没被合并的时候，大家能享受的补贴和服务都要比现在好太多。

目前来看，在很长的时间内，平台的“立法技术”和“司法水平”都会被平台的野蛮生长远远甩在后面，要想追赶这个差距，需要的不仅仅是商业判断，还需要更多的来自经济学、法学、心理学、社会学的理论、方法和思考介入进来，而且介入越深，我们对平台所处的场景吃得越透彻，才越能制定出更适合特定平台的规则。

除了“规则保障”以外，平台组织同样重要的一点，也是如今很多平台做得比较弱的一点，就是“赋能牵引”。

作为打车平台，是否能为在平台上挣钱的司机提供更多指引让他们能多接单多挣钱，比如更多的订单、更便捷的流程、更清晰的指引（哪个区域订单更多，怎么过去耗时更短），比如像 Uber 的连续拼车，可以让司机处于连续接单的状态，实现资源利用效率的最大化。这一点需要平台不断通过整合各种资源、技术进步、商业模式优化等方式来实现，对平台的组织能力而言同样是综合性的艰巨考验。

而赋能并不仅仅是物理层面，同样也可涉及精神层面，比如平台提供的能力培育，或者通过自身的愿景和使命去感召、驱动，又或者平台本身的战略定位所带来的社会认同，都可以使得平台上的团队和个体本身获得发展，同时又为平台的影响力和价值进行加持，形成良性的交互循环。

由此可见，正因为平台组织的管理相对于传统组织的管理而言，更强调“规则保障”和“赋能牵引”，而不是中心化的和厚重的“管控”。平台型组织的“管理”的概念描述似乎更应采用“组织治理”的提法而不是“组织管理”。

在平台型组织不断发展的时代，或许“管理学”也最终可能会变成“治理学”，这便是更深层次的变革了。

除此之外，平台的治理还有一个关键，就是需要促使其上的团队和个体通过网络协同实现势能的加成。

无论在什么时代，个体始终是散兵游勇，

实力再强也很难以一敌百，况且人类的生理局限也导致了个体不可能是全知全能的，但如果个体之间能建立连接，相互交换信息、智慧、资源，形成一个交织的生态系统，这个系统的势能将会远远大于单个单位的势能相加。

这就像是美军的 Stanley McCrystal（史丹利·麦克思洛）将军在其《赋能》（*Team of Teams*）中所写的，当美军传统的大平台加小团队的组织在阿富汗面对着基地组织所呈现出的彻底的网状组织形态及其所带来的快速、复杂、不确定的安全威胁，比如几个恐怖分子随时就可以组队完成一次炸弹袭击，根本防不胜防，而美军团队之间的协作和情报交换效率又被团队的边界所迟滞时，他悟到的是“只有网状组织才能战胜网状组织”，于是通过信息共享、嵌入计划（通过轮岗、交换派遣使不同团队之间建立起强有力的人际连接）、赋能等方式将阿富汗的美军改造为“小团队组成的大团队（Team of Teams）”，即一个比基地组织更加强大的网状组织，从而实现了对基地组织的快速反应、快速打击。

“协同势能”需要依靠“规则保障”和“赋能牵引”去打造和维护，但其在生成后的发力才真正让平台蜕变成一个完整有机体，而不是平台和其个体的简单相加。

有一种可能的趋势是，“协同势能”所产生的连接，会让相互匹配的人更容易组队，而这个组队所必然产生的人均生产力提升，会使得平台上的个体逐渐向精英小团队发展。小团队的规模会在其人均生产力和人均收益的最高点左右达到稳定，因此平台 + 个体的组合最终会被平台 + 精英小团体的组合所完全替代。精英小团体的大量存在将其在与平台的博弈中获得更多话语权，从而使平台变得更加自治化，当然这又是另一个问题了。

但平台型组织最终的成熟化，就是我们最后能看到一个最标准的平台型组织的那个样子，现在依然很难描绘出具体的形状，但我相信一定是在“规则保障”“赋能牵引”和“协同势能”三股力量的推动下逐渐成形的，并且在技术发展和伦理意识的催化作用下，时间不会太久。

笔者上一个月旅行时去了一趟法国，专程去了第二次世界大战时期盟军反攻登陆的诺曼底海滩，那里的海滩、工事，甚至连被炮弹或航空炸弹密密麻麻地在地上砸出的巨大弹坑都——犹在，但已经长满了绿油油的草，当年的血腥气息终于是被雨打风吹去了。

第二次世界大战初期的德国凭借闪电战一举横扫欧洲，通过对作战思想的变革将看似兵精粮足的英法军队打得晕头转向，这就好像突破性创新的操作所带来的突破性收益。而要击败这样的对手，不但要具备他所具备的能力，还需要变得更加创新和突破。

其实在诺曼底之前也并不是没有过大规模登陆战，并不是没有过陆海空协同作战，并不是没有过空降兵行动，也并不是没有过故布疑阵，但把这所有的创新几乎全部完美地融合在一起，用接近 300 万人规模的庞大部队打出一套精彩的组合拳，将强悍的对手猛击在地，就实在是堪称史诗了。

人类总是不断在进步，有强大生命力的新事物总是会胜利，无论代价有多大。

从2015年开始，
在互联网时代背景下，
我一直在关注
"组织与人的关系"的
变化及其原因，
以及人与组织关系重构的
思路及企业实践。

"互利共生"
——人与组织价值的重新定位

孙波 | 经济学博士、副教授、中国劳动关系学院人力资源管理研究所所长、华夏基石管理咨询集团执行副总裁兼华夏基石人力资源顾问公司总经理

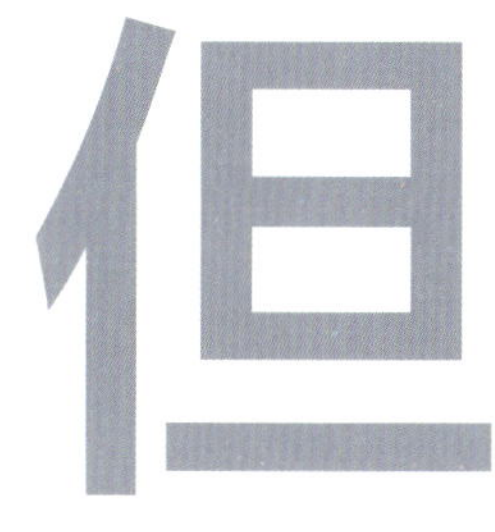

但从2017年下半年到2018年年初，我参加一些管理论坛时，遇到的最多的概念是"组织的进化"。

为什么从"人与组织的关系"开始，讨论的方向变为了"组织的进化"？

我想原因在于，当个体价值崛起、激活个体越来越成为共识时，另一个问题就同时出现了——激活个体之后又如何发挥组织化力量，实现组织目标？

两种统一价值的思路及其背后的经营假设

1. 个体价值与组织价值统一的两种思路

怎么去面对组织目标和个体目标的统一，即组织价值和个体价值一致性的问题，成了企业、人力资源管理者、咨询师要思考的问题。带着这个问题，我们去观察企业的实践，发现有两种做法，或者说两种思路。

第一种典型做法，通过组织的强（高超）领导力，化解问题，实现组织目标和个体目标的一致。比如华为的创新，其本质是通过组织多年传承、聚集而来的强领导力来化解组织目标与个人目标不一致的各种问题。当然，这里的领导力并不仅仅指任正非先生个人的领导力，而是指整个华为组织的领导力。

第二种典型做法，使组织成为平台，通过个体价值的实现进而分享价值，保证组织的价值实现。比较典型的就是海尔提出来的"人是目的"。基于这个假设，企业作为平台，支撑个人的价值实现，平台发挥了价值，就该去分享这个价值。

当然，除了这两种做法，化解个体目标与组织目标的不一致问题，现实中还有许多其他方式，而我之所以把这两种思路提出来，是因为它们背后对应的其实是两种截然不同的经营假设。

2. 两种价值统一思路背后的两种经营假设

在第一种做法中，通过强领导力解决组织目标和个人目标不一致时，显然是以组织目标为先。为什么？其实这是典型的在由工业化组织向知识化组织进化过程中，大型高科技创新型企业所积累下来的经验惯性。它的基本经营假设是适应大工业化时代的，即组织基于资源与能力预设目标，确定一个战略目标，再基于目标的实现设置一个架构。当然这个架构也在不断调整变化，企业通过人岗的有效匹配，保证每个人高效运转起来，从而提高组织运行系统的高效率，进而保证组织基于能力和资源假设的目标能够被实现。这是一种经营假设。这种经营假设有一个前提条件，就是在相对稳态的外部环境下，是可以实现的。

由此可以说，第一种思路是，企业在追求个体目标和组织目标一致性时，对个体目标实现的前提要求是要服务于组织整体目标的实现。简单说，就是组织目标优先于个体目标，在组织目标优先前提下追求组织目标和个体目标的相对平衡。

再来看第二种思路。海尔提出来，把个体目标的实现作为组织经营的一个基本目标。这种做法背后是基于另外一种截然不同的经营假设。即组织不再是基于资源能力预设目标了，而是把资源平铺下去，并行前进。即企业可以支撑多条线的个体创新，然后通过支撑个体创新、捕捉和快速响应外界的变化，进而满足客户的需求，带动组织的发展。

这种经营假设的技术支撑是技术的更新和应用变化速度加快、人工智能的处理速度提高，使得它不需要基于能力资源假设去选择最优目标，而是可以把鸡蛋分散放在多只篮子里，同时提着往前走，谁最有可能先孵出小鸡来，资源就往谁那里倾斜。

这种经营假设下，个体目标被允许在组织的发展中试错存在。注意，在对这个经营假设的表述中，我没有用“组织目标的实现”，而是用了“组织的发展”，它们是有差异的。差异是什么呢？之前我们基于个体目标和组织目标之间的一致，通过设置架构，保证它们之间的一致性。现在只谈“组织发展”，不谈“组织目标”的时候，个体目标和个体价值就得到了进一步的强化。

基于“合作”，构建组织与人的“互利共生”关系

组织能否发挥效用，取决于组织本身能否带动组织成员一致性的行为，大多数情况下，组织成员有着不同的目的和行为选择，如何让这些不同目的和行为的人集合在一起？其关键因素是什么？

巴纳德告诉我们，这个关键因素就是“合作”。他所谈的“合作”，有一个很重要的前提，即组织目标处于核心地位。在这个基础上他提出，组织的构成要素（或者组织可持续发展的充分条件）主要有：第一，沟通交流；第二，做出贡献的意愿；第三，共同目标。

今天，在组织与人的关系发生变化的背景下，组织价值与个体价值如何实现一致，即如何既激活个体又能发挥组织效用，实现组织目标？带着这个问题再去读巴纳德的理论，我从中得到了以下两点启发。

第一，组织目标从基于能力资源假设，变成了动态修正假设。

在这个时代背景之下，组织目标制定的假设发生了变化，从所谓的基于能力资源假设确定组织目标，变成了动态修正假设。我们不必再纠结于组织目标和个体目标一致这个问题，因为目标本来就是动态的，要基于动态假设去思考。比如有企业提出了“新组织三支柱”：文化、组织、人才，而不是过去的战略、组织、人了。换句话说，企业不提目标了，因为目标基本的假设发生了变化，由过去明确的受资源能力限制所提出来的最优目标，变成了一个发展的愿景，组织动力变成了愿景驱动。

第二，人与组织的关系由雇佣关系变为合作关系，其本质应当是“共生”。

合作的本质究竟是什么？该怎么理解合作？非雇佣又怎么理解？我们听到了“泛契约”“半契约”等各种各样的名词，但是人与组织关系重构成了一种什么样的关系？重读经典时我悟出来了。巴纳德谈的是组织，谈的是合作，是组织分工所带来的人和人、事和事之间合作的关系，而我们思考的是人和组织的合作关系，受陈春花老师新作《激活个体：互联时代的组织管理新范式》的影响，我进一步思考“合作”，最终找到了“共生”这个词。

当我理解了“共生”后，就再不纠结于组织依赖于个人，还是个人依赖于组织了，因为

它们是“共生”关系。陈春花老师曾说“共生”有三种关系，实际上不止三种关系。“共生”是一个生物学的概念，至少包括六种关系。这六种关系在企业里面、在组织里面、在组织和人的关系里面都能够找到。

第一，寄生。一种生物寄附于另一种生物身体内部或表面，利用被寄附的生物的养分生存。

第二，互利共生。共生的生物体成员彼此都得到了好处。

第三，竞争共生。双方都受损，就是损人不利己。无论对组织的可持续发展，还是对个人的可持续发展，这种形式都没有意义，显然人与组织的发展不应该考虑竞争共生。

第四，偏利共生。对其中一方生物体有意义，对另一方没有任何意义。在有些组织里面，个人获得巨大，组织没有获得。

第五，偏害共生。对其中一方生物体有害，对其他共生线的成员则没有影响。

第六，无关共生。就是无益无损。

显然，符合我们期望的，绝大多数人和组织之间的共生，是互利共生的关系。互利共生关系的一个核心词，是“互利”。没有互利，共生怎么定位呢？人与组织要想实现互利共生，必须重新定义各自的价值。我们需要研究各自的价值发生了什么样的变化。

3 重新定义个体价值与组织价值，实现“互利共生”

1. 个体价值实现对组织的四种诉求

无论在组织内还是在组织外，个体的价值实现，一定是通过客户价值的实现来达成的。这一点在海尔也提得非常清楚，不需要划分海尔内部和外部的人，而是看重有价值的人，能够在平台上创造价值的人。有价值生存，无价值不生存。那么个体价值怎么实现呢？通过客户埋单，也就是客户价值实现来体现。

这种价值实现本质上来说是一种交易关系，是个体与组织的一种交易关系。那回到本质去看，符合什么条件才能产生交易呢？

一是机会。你得有机会交易，没机会交易就谈不上交易的实现。二是能力。得有能力达成交易，你得满足我的一种诉求，没有这种能力，交易没法实现。三是效率。交易当然越快越好，时间即是金钱。四是信用。这也是最重要的，最易被人们所忽视的。如果一个交易没有信用前提，谈什么交易？现在也不是以物易物的时代。交易要靠信用。

回到“交易”的本质会发现，不能满足机会、能力、效率和信用四个条件的个人诉求，个体和组织就达不成“互利共生”的关系。

第一，机会的诉求。个体对交易机会有诉求，这种诉求驱动组织必须打破边界与线性流程，捕捉、增加与外部的交互，使得机会更多的出现。由此可以理解海尔的资源开放，平台开放。为什么打开组织边界呢？为什么有各种各样的这种现象？因为个体要完成与客户的“交易”，对机会是有诉求的，所以组织必须创造机会，必须打开这个边界。

第二，能力的诉求。个体的这一诉求驱动组织必须去考虑组织能力规划与员工的赋能管理问题。它包括两个层面。一个层面是传统的岗位和技能培训，以及创业培训、创业黑马、京东创客孵化中心、海尔的创客实验室等，这些组织的目的是赋能。因为个体有这个诉求，组织要满足它，必须要去赋能。另一个层面就是赋能型组织。华为的后方平台和前方铁三角之间的关系其实就是一个赋能平台。

第三，效率的诉求。这个诉求驱动我们重新去认识效率。"管理本身一直在解决效率问题"（陈春花，2017）。在西方管理学中，效率管理有三个阶段。第一个阶段，科学管理阶段，以泰勒为代表的一批管理学家，解决的是劳动效率最大化的问题。第二个阶段，行政管理阶段，以法约尔为代表，解决的是管理专业化的问题，是组织效率最大化的问题。第三个阶段，人力资源管理阶段。1954 年德鲁克提出人力资源概念，1958 年提出人力资源管理，解决的是个人效率最大化的问题。

那么，现在个体对效率的诉求该怎么去满足呢？需要重新认识"效率"，重新去定义效率。但是对效率，我们不能轻易下定义，思考再三，我认为，效率可能是指与外部实现交互，对外部变化进行响应的一种效率。把视角从内部的劳动效率、组织效率、个人效率转向外部去看，是外部视角的效率。

对效率进行重新认识之后会发现，企业实践中提出来的大数据、互联网、信息化建设、共享服务平台及共享交付中心等，都是在解决效率的问题。组织之所以从所谓的串联结构，变成并联结构，变成环形结构，根本上是效率诉求在驱动。

第四，信用的诉求。交易的本源就是信用。信用问题有多重要？现在很多人在朋友圈做微商，拿自己的信用做担保，给不知道底细的产

品做背书。朋友圈全是朋友，你用自己的信用做代价，挣几万元或几十万元，我觉得都不划算，因为你付出的信用成本太高而获得太少。在中国，信用问题经常被大家忽视，尤其是现在，社会有一种极度追求效率、追求便利而忽视信用风险的氛围，比如共享单车的乱停乱放或破坏，比如一些应用软件开设的"免密支付"等。

对组织而言，必须要能够对个体的信用做背书，双方的互利共生关系才能更长久。组织还必须考虑如何保证自身的信用，同时给个体信用做保证。否则今天有人拿组织的信用做了损害组织长远利益的事情，明天拍屁股走人了，组织的信用就会受损，因为组织是用自身的信用在为个人做担保。

顺便说一下，区块链技术横空出世或许可解决共享的信用体系问题，信用社会已经或者即将到来。

2. 响应诉求，组织基于五大变量的变革

如上所言，个体的价值是通过满足客户价值、实现交易来获得，而组织的价值是支撑个体价值实现，需要对个体的这 4 个诉求做出响应。组织如何实现这个价值定位呢？解决方案就是组织变革。

什么是组织变革？组织变革是指运用行为科学和相关管理方法，对组织的权利结构、组织规模、沟通渠道、角色设定、组织与其他组织之间的关系，以及对组织成员的观念、态度和行为，成员之间的合作精神等，进行有目的的、系统的调整和革新，以适应组织所处的内外环境、技术特征和组织任务等方面的变化，提高组织效能。

面对多系统的问题，单一的改进往往是事倍功半的，所以组织变革成为首选。组织变革必须是系统的，要围绕组织价值的新定位、机会诉求、能力诉求、效率诉求和信用诉求展开。而原先的组织变革更多是从职能角度考虑，基于战略、运营、人力资源、企业文化 4 个角度。现在是基于 4 个诉求，在组织变革的变量中找到核心重点。

组织变革的核心重点是效益提升、管理改进、竞争优势。效能提升：通过组织变革，提升组织的人力资源管理效能，为组织目标的实现打下坚实基础。业绩管理双丰收：通过组织变革，既实现组织管理改进和提升，又实现组织经营业绩的大幅提高。市场地位巩固：通过组织变革，重塑和巩固组织的市场地位。

这三个目标会变成组织变革不同的工作方式和切入点，最后是殊途同归——解决个体价值实现的 4 个诉求的问题。

那如何实现这3个目标？在管理变量的整合上，华夏基石的变革模型是，首先抽选出“组织”和“人员”两大变量，成功的组织变革必须从组织结构调整和人员的转变两方面着手，才能保证方案的成功实施。

组织和人员两个变量构成一个最基本的组织变革的模型。组织结构层面包含：

1. 愿景驱动、目标；
2. 新结构、新流程；
3. 新管理体系。

人员层面包含：

1. 新知识；
2. 新态度；
3. 新行为。

组织变革成功的要点在于必须在这 2 个层面、6 个方面都采取措施。组织改革的措施首先必须对发展战略目标达成共识，针对不同目标要求调整结构、流程和管理体系；人员管理措施方面，要通过强化培训，改变人员的态度后才能形成新的行为方式；组织变革在关键领域进行突破后，再全面推进。

那么，组织变革的具体路径是什么？

我们抽取了影响组织变革进行的另三大变量——行动、流程和文化，形成另一个模型。行动是改变的基础，流程使改变可追溯，文化使改变进一步固化。通过行动、流程、文化的改进，组织变革方能真正落地。然后我们把所有的先进的方法，以及职能体系导入这个模型里面，就构成了搭建“互利共生”型组织变革的整个过程。

"超越考核"

——绩效管理的超越之道

真实的世界有着自己的数字，这些数字才是真正重要的。

胡明 | 华彬航空集团副总裁，人力资源总监；著有《人力资源管理互联网思维》，译著《人力资源管理大数据》等

20年不变的经典考核瞬间

1995 年，美国 GE（通用）公司发生了一件事。当时美国 GE 公司的电气部门的竞争对手们推出了价格更低的产品，GE 公司不得不改进生产流程，提高效率以应对挑战，不过，到年底时，电气部门的收入比年初的预算低 10% 且与上一年持平。与此同时，GE 公司的塑料部门却好景连连，市场份额大增，成为供方市场。塑料部门的收入飙升 25%，比预订计划超出 10%。如何考核绩效？年终奖金如何确定？

杰克·韦尔奇做出了出人意料的决定。在年终大会上，面对 500 名 GE 公司的全球高管，杰克说，电气部门实际的绩效低于计划且相对于上一年没有增长，但是，他们在一个严峻的竞争环境里，所取得的业绩相对于竞争者而言令人印象深刻，惠而浦等竞争对手，比我们糟糕。尽管塑料部门的收入超过了计划，但是，他们的一个主要竞争对手取得了 30% 的增长，另一个是 35%，塑料部门本可以做得更好，我们在价格政策上还可以更具有竞争力。

杰克后来说，改革了预算模式，人们明白了，通过向公司外面看再来判断我们的绩效，我们会做得更好。杰克问大家，你的业绩纵使超过了那个坐在没有窗户的屋里面制定的目标，又有何用？真实的世界有着自己的数字，这些数字才是真正重要的。

20 多年过去了。

在移动互联的快速迭代时代，几个月就已然很长了，20 多年几乎是骨灰级的时间跨度。不过，当下，当我们在讨论各种绩效管理新方式、新理念、新工具时，必须重温这个经典管理瞬间。

第一，这是典型的绩效管理场景。一个事业部抑或一个团队，没有达成预计目标，即没有实现 KPI 指标；另外一个则超额完成，KPI 的直接得分很好看。

第二，公司最高层或者考核主管部门做出了调整，将 KPI 的目标对比值改为不仅仅和自己的目标比，还要和对手比。内向型考核转变为内外结合型。我们感到，公司各部门与市场之间的隔膜似乎已被打破。

第三，杰克先生自己的话，更为精准，要通过向外看再来向内看，外部实际比自我的封闭指标更为重要。

可以说，能不能向外看，能不能走出那个“没有窗户的屋子”，能不能看到外部世界的真实数据，成为一切绩效考核的真正标尺。无论我们有多少种绩效考核理论，有多少个绩效考核工具，我们都应该明白：绩效，只有当与竞争对手、与市场实效相对比，才有意义。同时，企业的绩效管理应该具有战略柔性，应该能够根据外部市场的不断变化进行调整，应该拥有动态的 KPI。这种动态的 KPI 绝不是为了降低标准或者敷衍塞责寻找借口，而是为了更为精准地衡量实绩，更为公平地论功行赏，更为合理地保护好各类各级人员的工作热情，更真实地衡量企业内部的绩效。

市场是检验绩效的唯一标准，离开市场标准谈绩效，很有可能陷入为了管理而管理，为了绩效而绩效的沙坑。

KPI 不是不可以有，在某些场景中还是必须有，但是 KPI 必须是动态的，必须考虑到 STBM **社会**(Society)、**技术**(Technology)、**商业**(Business)、**管理**(Management)的变化对评价标准的影响。KPI 考核，关键是企业的数据管理能力和管理者实事求是、与时俱进的领导力，这两个方面，在移动互联时代既重要，又不容易做到。这是战略柔性的能力。

去KPI是绩效的去中心化

去中心化，就是不以过多的管理为中心，而以道为中心，以自然为中心，以文化为中心；不以过多的“自我”为中心，而以协同合作为中心。

小米的一位联合创始人说，众所周知，小米是一家“不打卡、没有 KPI、不开会(重要会议除外)的公司”。对这家高速成长的公司而言，没有 KPI 并不等于不设目标，小米员工不会有 KPI，高管也从不看销售报表，他们对数字没有压力，但会对用户的反馈、意见和建议有压力。KPI 概念只会在创始人级别的高管身上体现，而且仅仅是用来判断产品规模的增长阶梯。比如“米粉”发展最为核心的两个节点：从 100 个梦想赞助商 (100 个初始“粉丝”) 到 50 万 MIUI 核心用户，再到后来的 500 万、1000 万，这样的阶梯形规模预估让小米在操作上更加得心应手。

传统的绩效考核是以 KPI 为中心的，以 KPI 定绩效等级、绩效奖励，以 KPI 定前程。KPI 是绩效管理的中心，也就是工作的中心。延续传统思路，这没有问题。不过，从杰克 20 年前便有的绩效观点看，这有大问题。绩效管理的中心不能是内部的某种指标，而永远应该是“面向外部、面向市场、面向变化”，“面朝大海，才会春暖花开”，只有这样，企业才能保证投入的人力、物力、信息力、数据力、资源力等一切能够满足市场，从而能够为企业贡献真正的价值。一旦以 KPI 为中心，则一切不是与市场挂钩，而是与内部管理指标挂钩，挂钩越密切，离市场可能就越远。以产定销、卖方市场、行业绝对垄断、超稳定产品和价值链，等等，在这些情境中，KPI 中心主义无疑有着强大的气场和号召力。移动互联时代，这些情境已经发生了巨大的变化。STBM 结构变了，管理也要变化。去 KPI 化，相当于在绩效体系中去中心化，不过，去 KPI 并不是最终目的。

华为的"人力资源基本法"——《以奋斗者为本》说，考核频度不能太高，公司不能以考核为中心。考核的维度和要素不能太多，主题要突出，我们主要的考核目标和要素，是从价值贡献上考核。我们不能在一个东西上承载太多内容，让人都变成小人。我做了大的成绩，还要考我这考我那，扣来扣去都没有了，那我以后也不创造价值了，专注行为。考核指标不要占太多内容，KPI 项不能太多。

真正有实效的道理都是通俗易懂的，真正有力的管理都是直达核心的。如果说，去 KPI 是绩效管理去中心化的话，"公司不能以考核为中心"，可以说是公司管理"去绩效考核化"，或者更准确地说，是"去过度绩效考核化"。绩效管理务必要瘦身，否则，业绩就可能会瘦身。

再以腾讯为例，"日稳定版本"是绩效考核吗？日稳定版本的定义是：没有严重的 Bug（漏洞），允许有不完善的功能或者小 Bug，产品所有的基本流程都可以走通，不会妨碍团队体验任何功能。日稳定版本要求的背后是强制团队养成对自己每天的工作 100% 承担责任的习惯，从而实现持续快速验证，问题早发现早解决，避免因问题发现太晚而带来高额解决成本。

每天一个日稳定版本，要团队保证每天做的东西不能出现问题，养成习惯。每个项目都建立和运营一个微信群，所有人有任何问题都在微信群中随时交流，快速验证。每天邀请两个玩家来体验，比如，有一位爱猫的美工听到玩家的真实反应后，瞬间就"石化"了，他的原初设计在玩家那里居然什么都不是，于是，这名勤奋的美工连夜改了一版，结果效果好了很多。负责人说："我们不会去教育他们，然后让他们做出改变，那样很难，而且效果不好，不如直接让玩家去告诉他们结果，让他们自己去感受。"

"腾讯方法"当然也是移动互联时代的方法。KPI 的本质之一是管理控制，而且是强管理控制，但是"要想获得具有创造性的东西，你就必须放弃控制，拥抱不确定性。绝对的控制也就是绝对的无趣"。优秀企业的案例似乎说明，被人力资源管理者们深深爱恋的 KPI 和以 KPI 为中心的绩效主义，让我们过于重型化，过于管理重装化，我们犹如身披重甲、手执利刃的武士，但在当今的快速迭代的 STBM 情境中，不免有些"拔剑四顾心茫然"了。人力资源管理者们的超级责任心不变，捍卫人力资源管理专业的决心不变，只是，问题变了，目标变了，场景变了，再身披重甲、手执利刃，就有些穿越了。

小米，去 KPI。那么什么是小米的"KPI"？价值观就是 KPI，合适的人不需要 KPI。实事求是是 KPI，持续改进是 KPI。小米说："不能以 KPI 为本去做事情，要实事求是保持目标的灵活性。"小米强调的是，与用户零距离，去 KPI 化，就是拆除了员工和用户之间的绩效篱笆。好的 KPI 要能够产生自驱动，不能自驱动的 KPI，是某种负能量。然而，KPI 时代，自驱动不太容易。

我们可以把小米和海尔这两个同样优秀的企业等同视之，同样的用户零距离，不同的用工模式：小米的工程师和海尔的小微成员。小米的工程师也在米柚论坛上与"米粉"和用户交互，小米得以每周迭代，至今已有几百次，实属不易。从人力资源管理角度看，小米的工程师在线沟通，就等于天天在做工程师的"外部"360 度考核，或者全面 360 度考核，虽然没有传统的 KPI，但是用户的直接反馈要求更高，工程师的表现直接与产品的口碑和市场关联，可以说是设计和市场零距离的沟通方式。

但是，海尔似乎走得更远，海尔通过把有创意有能力的核心员工，变成小微成员，实现了为用户直接创造产品，而且这些创造出来的产品的市场表现又与小微们直接相关。小微们承担传统的研发、生产、销售全部工作，如何考核和激励？小微们的 JD（职位描述）如何写？这是问题的核心。当我们用 JD、考核等思路来思考时，我们会发现无从下手。海尔的价值在于，我们必须转换思路，直面企业经营管理的根本问题，直面人在企业为什么存在的根本问题。

OKR不是对KPI的简单替代

KPI 考核背后，有两个理论背景，系出名门，长盛不衰，一个是波特的竞争战略，另一个是钱德勒命题“组织跟随战略”。恐为大多数人所不知的是，1996 年，“企业生态系统合作演化”理论悄然登临，详见《竞争的衰亡》。超越竞争成为战略管理理论发展的新热点，不过，在接下来的十余年内，大部分国内企业管理还没有超越竞争。

近年来，优秀企业已经开始向商业生态系统演进，KPI 的退热，不仅仅是源自硬性考核的两个弊端：管理僵化和不够人性化，更有着管理哲学和管理重点的历史性转移，即从单纯的竞争导向、超越竞争转变为组织内外的合作和协同。

因此， 在考核依然存在的情况下，传统的KPI考核会逐渐转型和转化，呈现出以下几个特征。

- **整体淡化**——以小米公司为代表，基本上不采用传统的KPI考核。
- **内外一体**——以海尔公司为代表，实现了人单合一模式下的企业与市场零距离，内部考核与市场零距离。
- **反馈循环**——人人皆为人人，人人皆用户。一个员工的优秀业绩，可以推动另一个员工的成功；一个团队的优绩，可以推动其他团队的优绩；一个组织的优绩，可以推动其他组织，以至于整体组织的优绩。这个模式的核心思维点是，一个员工、一个团队、一个组织，应该做些什么，应该如何做，才能让其他人，其他团队，其他组织成功，其内含的管理哲学是用户思维。
- **文化先导**——在文化的基础上谈其他，才有管理的可能。只有强文化，其他才有可能。移动互联时代，管理的目标或许是明确的，但实现目标的路径往往不是笔直的，应当处理好偏与全、是与非、少与多、得与失等的关系。KPI 的问题就在于，工具理性的色彩太浓了，因果关系的假定过于简单，目标、结果和过程的关系过于简单，在工业社会里尚可，在后现代社会里就失去了大部分效力。

有一位资深的战略绩效管理讲师朋友，提出过如下的观点：游戏化、部落制、积分制等热点机制、模式、工具层出不穷，会成为未来的主流工具吗？不知道。目前，世界主流企业还没有应用，也没有实践证明这些工具能成就千亿元、万亿元级的伟大企业。我们要拥抱新事物，积极尝试实践，但不能跟风！管理是一种实践，其本质不在于知而在于行，其验证不在于逻辑而在于结果，衡量管理有效性的唯一标准就是结果。管理无对错，只有利弊！我们期待更加完美的管理机制和工具面世，成就更伟大的公司！➡

行文至此，我们就可以近距离观察一下什

本文观点是：

❶ 这些新方法的核心在于“做活”，如果组织是传统的脚手架结构，这些方式基本用不上。如果组织是生态式结构，就必须用这些方法。

❷ 移动互联时代，管理就是沟通，管理就是传播。游戏化、部落制、积分制等，显然比之前的“红头绩效方案”更加亲民，更加容易沟通。

❸ 千亿元级的企业，要看营业收入和利润来自何处。来自垄断或者低技术、低品牌的，则恰恰说明产业升级的同时，管理也要升级。

❹ “孔子登东山而小鲁，登泰山而小天下”，进入一个更高的境界，便发现原有的世界有些渺小了。移动互联时代，我们要突破原有的局面，走向万物互联、互动、互通的更高境界。

么是谷歌的 OKR。

OKR 是“目标与关键绩效”。OKR 最早可能源自英特尔 CEO 安迪格鲁夫，不同于“低承诺、高实现”的管理方式，谷歌 OKR 的核心特点是，由每个人的目标，也就是需要达成的战略目标，以及关键成果，即用以衡量达成目标的进度所构成，并非包罗一切，只针对那些需要特别关注的领域以及不做出额外努力难以达成的目标。通常，OKR 可以将“往大处想”的理念融入谷歌，并确立容易衡量的关键成果。一个完善的 OKR 应该有一定的难度，即便只能完成 70%，也要比 100% 完成但设置存在漏洞要好。OKR 人人可用，可以打分。

每个季度，每位员工都需要更新自己的 OKR，在公司内发布，以便让大家快速了解彼此的工作重点。比如，你结识了一个谷歌人，并想了解其具体工作，只需要登录 Moma（现代艺术博物馆）内部网看看他的 OKR。谷歌创始人和 CEO 都会发布自己的 OKR，并会召开全公司会议加以讨论。各产品和业务负责人都会上台逐一讨论自己的 OKR 及其对自己团队的意义，并依据自己上一季度的 OKR 指标为本季度的表现打分。会议之后，人们便可以回去设定属于自己的 OKR，并早已经对公司这一季度的工作重点了然于胸，这样，即便公司飞速扩张，各个团队之间也能保持协作。

OKR 并不神秘，看上去也似乎并不复杂。OKR 是 KPI 的替代吗？显然不是，也没有必要。OKR 和 KPI 不构成直接替代关系。KPI 解决的是工业时代确定性目标的执行链条问题，是“多路、纵向、串联、可逆”结构。OKR 则是解决移动互联时代，网络化的企业和团队，在共享不确定性目标，以及协同实现过程中的动态调控问题。不确定性不是确定性的替代。即便在移动互联时代，若问题或目标是确定的，解决的方法和路径是清晰的，KPI 依然是非常有效的管控工具，当然，这取决于是不是还需要通过管控来监督过程，因为，我们已经有了更多更好的方法。OKR 的优势在于，它在思维所及（往大处想）和行为所及（实际进度）的边界之间，留出了足够的柔性，既可以支撑企业不断追求创新和领先，又可以支撑在充满约束条件的现实中的实际表现。

没有 KPI 只有 OKR 的谷歌，真的没有绩效考核吗？

谷歌的 CEO 会问见到的高管们：“你最近的工作进展如何？遇到了哪些问题？应该交付的产品进度如何？”这些问题的效果有两重：不仅掌握了对方的业务细节，还让他们知道了哪些主管掌握了他们自己的业务细节。如果业务负责人不能在 10 秒钟内把遇到的重大困难流畅地说出来，那么此人就不胜任。

绩效考核，无论在哪个层面，其实是无时不在的。然而，通过季度末填表打分，勉为其难地排序所进行的所谓考核，常常是过程重于结果，形式重于实质，管理成本不低于管理收益的文牍工作。人力资源部门推行的绩效考核如果不从结果和实质入手并以此为唯一目标，几乎没有存在的必要。传统上，绩效考核的一项功能是绩效工资和奖金的分配依据，但在整体的管理基础，特别是流程基础、数据基础、文化基础比较薄弱的情况下，在尚未实现信息化和数据化的情况下，这样的超强度功能要求经常是人力资源部门被广为诟病的根源。

强文化价值观就是绩效力

德鲁克在《管理的实践》中写道：“生产力是一种态度。”这是堪称经典的真知灼见，从工业时代到移动互联时代，历久弥新。什么是态度？是文化，是价值观。“生产力是一种态度”，在移动互联时代，可以同样表述为“态度是生产力”，或者用本文的叙事模式说，“强文化就是绩效力”。

阿里巴巴对业绩考核和价值观考核同样重视。

公司打分中 50 分是业绩，50 分是价值观，价值观不好一概不用，业绩不好给机会。阿里巴巴实行“361 法则”：30% 的人得到更高的薪酬、奖金或者升职，60% 的人得到普通的加薪和奖金，最后 10% 的人没有奖金，有的还会被换岗、降级或者建议离开公司。

很多企业都有文化、能力、价值观等的考核，有的甚至不惜采用人才测评或 360 度这样的考核大法，动用大量管理资源，但是收效与投入极不成比例。究其原因，软指标软考核是核心问题之一。软指标基本不会占用超过30%的权重，更多地用作“观察”一个员工的“表现”，或者“发现”员工的不足。阿里巴巴却是软指标硬考核，不用来观察或者发现，而是直接用来给员工定位。价值观考核和业绩考核，如同游戏中的平行实境，“实者之之，虚者实虚”，虚实结合，结果一定是实的。

很显然，GE 公司不是移动互联时代的风口公司，但却是世界级高技术公司，而且曾经是世界管理的第一案例。在此引用一段 GE 公司的价值观考核，与阿里巴巴进行比较研究。

GE 公司非常重视对员工价值观的考核，考核内容包括“红”和“专”两部分，“红”是考核软性的东西，主要是考核价值观；“专”是其硬性考核部分，主要考核工作业绩，这两个方面进行综合得出最终的考核结果，直接在二维坐标图直观表现出来。综合考核结果在二维图表中落在不同区域，得出不同的结果，相应采取不同的措施：考核结果在第Ⅰ区域，价值观考核与业绩考核均为优秀，评价结果即为优秀员工，加薪、晋升。考核结果在第Ⅱ区域，即价值观考核和工作业绩考核均差，处理非常简单，请这种员工离开。考核结果在第Ⅲ区域，即业绩考核一般而价值观考核优秀，GE 公司会给员工第二次机会，通过换岗、培训、指导来帮助员工。考核结果在第Ⅳ区域，即业绩好但价值观考核一般的，员工不再受到公司的保护，公司对这种员工绝不姑息。

阿里巴巴的企业文化价值观，当然也是用人观，包括六大项：客户第一、团队合作、拥抱变化、激情、诚信、敬业。GE 公司的标准是著名的 **“4E1P”**，通常的翻译是“能量，激发他人，勇气，执行，热情”，而对于高层而言，还要有四项核心素质，分别是 Authenticity、See around Corners、Work with Better and Smarter People、Heavy-duty Resilience，这些英文似乎是不可译的，翻译了，就失去了很多内涵，恰如某位美国诗人所说，“诗歌就是翻译中失去的东西”，不在全面的整体情境中解读文化，也如同是“翻译”。当然，读者可以借用国内已有的“成译”。

“4E1P”即：

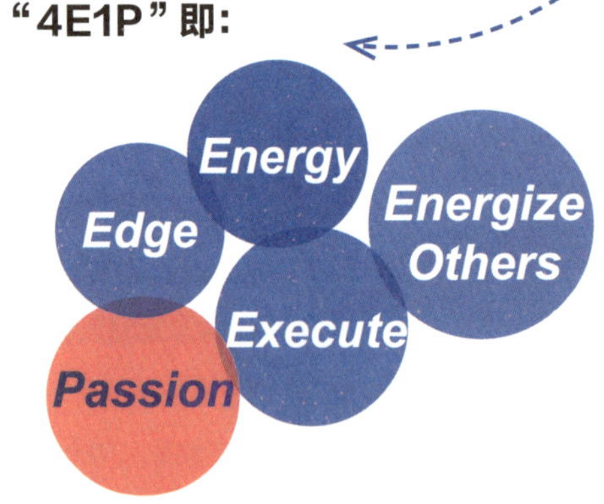

成就考核的强文化和新思维

看两段故事：

"在华为，广泛流传着这样一个故事。一天，一个国外客户原本前往深圳与中兴洽谈，最后却与华为签了合同。原来华为事先得知了消息，便直接前往机场将客户接回华为深圳总部。而此时，中兴接待处的员工还在办公室喝茶。"

华为有"九犬出一獒"的说法。很久以前的西藏地区，当年幼的藏犬刚长出牙齿并产生撕咬能力时，主人就将九只大小相近的犬子关进一个没有食物和水源的密闭空间中，让它们相互撕咬，以彼此为食，直到仅剩一只，而最后幸存下来的犬便被称为"獒"。九犬才出一獒，可见其竞争的残酷，獒犬之所以凶猛无比，是因为源自幼年时代那场决定生死的厮杀，谁是勇者，谁才能得到生存的权利。

什么是透入人心的考核？在这里，迭代就是 KPI，无形的期望就是 KPI。做到极致，不是考核，高于考核。这是文化的力量，是强文化塑造的绩效力。百度是"best of the best"，海尔是"第一竞争力"，华为是"九犬出一獒"，强大的公司自有强大的文化和一流的追求，也自有强大的绩效力。任正非说："茶壶里煮饺子，倒不出来就不算饺子，好干部如果干不出好业绩，还算什么好干部。"超越 KPI 的不是另一种考核办法，而是深入人心的责任感、使命感和职业标准。超越 KPI 的是工作品质和强烈的拥有欲望。这些内容，我们可以称为成就考核，必先有求胜之人，方可有求胜之事，方有得胜之果。培养、激发、聚合、引导求胜之人，比翻新 KPI 工具有用得多。移动互联时代的成功者和成功企业，必须是具有强大求胜之心者。

海尔有一位员工——高如强，他原先的工作，主要是负责订单的分配，他每隔 10 分钟将订单派送到相应网点，并跟踪订单的完成情况。而新的移动技术，使得订单可以实时直达每个人的终端，不需要经过信息员、网点、服务人员的层层传递。高如强的部门一下子无事可做了。此时，摆在他面前的有两种选择：一是继续留在海尔，被分配到别的部门；二是离开海尔出来创业，组建"车小微"，抢单上岗，按单考核。现在他已经是海尔的五星级服务兵，他的五星级来自一种更为严格的考核——用户的考核。➡

这些真实故事里，其实，隐含着一个更为复杂和更加深刻的管理逻辑。最后，让我们尝试用不那么复杂的语言，把这些逻辑表达出来，把替代 KPI 的成就考核展示出来。

（1）移动互联技术改变了信息传递方式，改变了工作。

（2）企业服务和用户之间实现了零距离，打通了中间环节，创造了员工盈余。

（3）原有的人被技术替代，分流，面临职业选择，留下来可以，但是这不是激发创造力的方式。

（4）企业提供了创业平台。

（5）企业的组织模式变化，平台化，以企业和用户为双核，建立了"双核星云"模式。

（6）员工成了小微，与原雇主建立了超越组织的人企双赢关系。

（7）用户直接评级，决定收入，这是超越绩效考核 KPI 的"成就考核"。

海尔的单具有五个角度的含义：

❶ 顾客是单的真正主人，顾客驱动机制，只有顾客才是检验单的唯一标准。

❷ 单必须是超值的，通过顾客来倒逼自己创新。超值体现的是第一竞争力思想。

❸ 单是同一的，质量同一，数值同一。

❹ 单必须是锁定的，竞争力的单必须锁定到每一个最小颗粒度。

❺ 单是一个系统。这是新 KPI 考核，是成就考核，顾客是单的真正主人，也是真正的考核人。

这家企业干掉了所有经理人，

唐斌地 | 自耦场理论创建者，中人网合伙人，前怡安翰威特中国区首席顾问，致力于用设计思维帮助企业进行管理创新和自组织转型

有一家生产番茄汁的公司，公司里没有人担任专职的老板、副总裁、经理、主管或其他任何头衔的职位。任何人都无权强制和逼迫他人做事。谁都没有单方面的权力去命令他人或开除另一个人，只有权要求做出改变或申请启动一项寻求共识的程序。

所有的业务和招聘决策都是由对某个既定决策具有最多知识与经验的人（大部分是一线员工自己）来做。工作的责任心则由同事关系来推动，他们有权利和义务来要求同事与自己合作并提出反馈，以共同完成高品质的工作。

每个人
都被视为一个专业的
行家里手
——“经理”与“工人”之间不存在区别。

每个人都是一名经理
——一名自我管理的经理，
同事之间相互管理，
没有管理他人的专职经理。

人人都享有
平等的发言权，
没有人充当老板，
只有工作和从事此项
工作的人的概念。

这番景象
有如一个乌托邦的世界！
你相信世界上存在这样的公司吗？

只要你吃过麦当劳、肯德基、比萨或其他西餐，里面大部分的番茄汁就是这间叫晨星的公司生产的。

晨星公司总部位于加州萨克拉门托（Sacramento），是世界上最大的番茄加工商，每年加工的番茄占北美市场的40%左右。

晨星公司（Morning Star）创立于1970年，创始人克里斯· 鲁弗（Chris Rufer）是加州大学洛杉矶分校（UCLA）的一名MBA（工商管理硕士）学生。

每年都有超过招聘需求一百倍的人来排队应聘工作，希望加入晨星公司。

几十年以来，公司每年都以双位数的增长速度发展，而行业年均增速只有1%。这家公司基本没有向银行贷款，因为公司本身的现金流和利润都非常好。

在公司的门户网站，
晨星公司这样介绍自己的管理理念：

“晨星公司建立在自我管理的基本理念之上。我们设想一个由自我管理的专业人员构成的组织，他们与其他同事、客户、供应商和同行业的参与者进行沟通和协调活动，不需要其他人的指令。同事们利用他们独特的才能找到快乐和激情，这些人才相互补位和彼此强化对方的工作。同事们要为实现公司共同的使命承担个人责任。我们坚信这一愿景，并致力于通过努力实施一系列原则和系统来不断完善我们的组织。”

晨星公司建立了一个近乎平面化的组织，他们是如何做到的呢？

晨星公司自我管理模式的缘起故事

在刚开始的时候，晨星公司也是采用由上至下机械式的金字塔科层组织来管理，企业发展也还过得去。后来有两件事促使创始人克里斯·鲁弗反思自己企业的管理要加以变化。

第一件事是，晨星公司曾经一度收到不少法院的传票，有不少被晨星公司辞退的员工起诉公司。鲁弗很纳闷，就亲自去基层调查，发现主管们解雇员工时缺乏充分证据，或者对员工不良业绩表现的记载有较多的水分，甚至还存在骚扰女性员工的现象。于是鲁弗就问自己：如何在自己的企业中消除员工受到不正当的欺压现象?

第二件事是，番茄种植户对晨星公司的产品成本、交期和质量的影响都非常重大，鲁弗曾经几次请采购经理建立公司约322千米（200英里）半径范围内所有番茄种植户的数据库，并同他们建立起紧密的原料供应关系。采购经理总是找出某个借口来规避，迟迟没有行动，尽管他曾对新战略方针做出过相当明确的承诺。鲁弗又问自己：为什么工作场所的人们不能对彼此的表现都持有责任心呢? 如何才能使晨星公司的每位同事都遵守自己做出的承诺?

这两件事令他对公司当时的传统组织架构失去了信心，他认为公司发展必须另找出路。带着这两个问题，鲁弗请教过很多管理专家，也阅读过许多管理学、经济学甚至哲学方面的书籍，却一直不得其解。后来偶然翻阅有关公民解放原则的著作，发现几乎所有的人类交互活动都可精炼成两条基本原则；如果遵循这两条原则，便可在工作场所及其社会的其他领域产生出具有非凡生产力的互动结果。**这两个核心的假设是：①人们应当对他人信守自己的承诺；②人们不应当强迫他人或他人的财产。**既然美国这样庞大的社会都能依照这两个核心假设来加以管理，为什么晨星公司不能根据这两个假设来管理?

于是，鲁弗从这两个核心假设出发，推导出10个自我管理原则（如图1所示，在笔者翻译的《超越授权——自我管理时代的到来》中有详细的描述），并在这10个原则的基础上制定了一系列制度，通过管理层和员工的充分参与和讨论进行了企业变革，最终将晨星公司原来的金字塔式的管理模式转型为完全扁平化的自我管理模式。

晨星公司自我管理10原则

1. 信守自己的承诺，不强迫他人及其财产
2. 每个人没有头衔，没有晋升，没有上司
3. 没有发号施令及单方面解雇人的权力
4. 招聘/采购的自由，投资回报的责任
5. 每位同事根据公司使命确立个人使命
6. 没有信息壁垒，公司业务信息透明共享
7. 签订同事理解协议，协商职责提供反馈
8. 自我协商解决冲突的责任心程序
9. 建立教练/辅导文化，培养自我管理能力
10. 薪酬激励取决于同事的相互评价

图1 晨星公司自我管理10原则

晨星公司自我管理原则详解

鲁弗认为在晨星公司不需要命令权力。也许别的一些行业或单位需要靠命令来指挥，譬如军队，但大多数的人在工作之余不是靠服从权力来过日子的。他认真地思考究竟有哪些决策可以通过说服和影响，而不是靠强制来做出。他的结论是，在他的业务范围所有能想得到的决策都可以通过说服来制定和执行，哪怕是战略性的决策也一样。假如不能向一名员工说明为什么要做某件事，他（她）就不可能全身心地投入。先让人们明确某个目标与方向，然后心甘情愿地去为实现这个目标而努力。他设计的是一个完全扁平化的组织结构，让每个人都一律平等，没有人对其他人有单方的权力，包括解雇他人的权力。

使命驱动

我们每天为什么到这里来上班？所有同事参与公司使命、愿景、价值观的讨论，让公司使命、愿景、价值观成为所有同事的共识和承诺。每位同事制订符合公司使命的个人业务使命宣言。晨星公司的使命是生产的番茄产品和提供的服务始终符合客户对质量和服务的期望。晨星公司洛斯巴诺斯工厂的罗德尼·雷格特制定的个人使命是以高效环保的方式生产番茄汁。员工的个人使命宣言是晨星公司管理模式的基石。鲁弗解释说：“你要负责完成自己的使命，负责获取完成使命所需的培训、资源和合作。”工厂资深技师老保罗·格林说：“激励我工作的是我的使命和承诺，不是管理者。”

同事协议

每位同事每年都会与自己工作的上下游5~10位同事签订一份“同事理解协议书”，每一名同事每年的职责、KPI（关键绩效指标）、决策权限都来自与上下游同事沟通服务内容后的自我选择，这个协议书其实就是实现个人业务使命的行动计划。每年，“同事理解协议书”会随着员工能力和兴趣的变化而变化。资深员工会逐步承担起更为复杂的工作，而把一些基础性工作交给新加入的同事。在解释推行“同事理解协议书”的原因时，鲁弗指出，独立个体之间的自愿协议比上级对下级的命令能够产生更高效的协调作用，“同事理解协议书”令一切都井井有条。

同事原则

全心全意支持公司使命，满足客户对产品和服务的期望；承诺在诚信、称职、责任和团队合作方面追求完美；对个人行动、同事行动及公司使命负全责并采取主动；为了团队合作的利益，容忍与工作无关的差异和分歧；与同事直接面对面解决争端，分歧尽可能双方私下解决；关心自己、朋友、亲戚、同事、客户、供应商、环境等；向同事主动分享信息和提供建议，积极回答其他同事质询。做正确的事，生活、讲话、做事都追求真实。

信息透明

晨星公司的23个业务部门每年相互商定客户—供应商协议。同时每一份“同事理解协议书”都详细列明了一系列同事“阶段性目标”。每半个月，公司会向所有员工公布每个业务部门的详细财务报告，所有同事都了解自己所在业务单元、流程的成本和收益。在这样的透明环境下，愚蠢和懈怠之举很快就会暴露无遗。每个同事都有义务把相关的信息转交和转达给相关同事，即使别人没有提出要求，只要这些共享的信息对完成他们各自的使命有所帮助。每个同事都能获得整个公司相同的数据时，他们才能从全局出发考虑业务发展，衡量和计算自己的决策会对其他领域产生怎样的影响。因此，晨星公司没有信息壁垒，也没有人质疑其他人为何需要了解信息。

自主决策

责任始于何处？——它始于需要人才、设备、工具或资源的人。员工的权力不是上级授予的，而是同事为了完成使命和责任本来就应该拥有的。晨星公司没有集中采购部门或负责审批费用的高管，任何人都可以签发采购单。例如，某位维修工程师需要一台 7000 美元的电焊机，他可以订购一台。在收到付款通知后，他确认已收到设备，并将通知送交会计部门安排支付货款。如果认为自己工作超负荷或需要增加新的工作岗位和人手，他们要自己负责人才招聘。鲁弗说："在晨星公司，我不希望任何人因为没有合适的设备或得力的同事而觉得自己无法成功。有了自由，人们就会去做自己真正喜欢的工作，而不是在他人的驱策下，被动接受某项工作。"

人人创新

每位同事应该做自己擅长的事，晨星公司没有试图把人限定在某一个岗位上，每位同事承担的职责比别的企业范围更广，工作任务也更复杂。每个人都有权提出任何领域的改进建议。在其他公司，员工常常认为变革是由上层推动的，而在晨星公司，员工们很清楚他们有责任领导变革。大家有权在他们觉得能够有所贡献的领域发挥自己的才能，所以，大家常常会在自己狭窄的职责范围之外推动变革。晨星公司有许多自发的创新活动，而且变革创意来自不同寻常的领域。

为结果负责

每个部门都有自己的损益表和资产负债表。公司鼓励员工共同对经营结果负责，因此一旦自己所负责领域的质量有问题或费用突然增加，肯定会受到关注。晨星公司的员工可以自由支配公司资金，但他们必须拿出商业依据，包括计算出投资回报率和净现值，并为此结果负责，最终会与自己的薪酬和激励相关。同时，他们还需要征询资深同事的意见。资深团队成员充当的是教练的角色，而不是法官、陪审员或者"行刑者"的角色。最后的业务决策，还是要由当事者自己来制定。

责任心程序

晨星公司没有管理人员来解决纠纷，也没有人有权强加某个决定。如果有人滥用自由，工作一直不达标，或与同事意见不合，或者没有履行在"同事理解协议书"中做出的承诺，怎么办？当日常工作中发现同事有待改善之处，每个同事都有对其他同事直接面对面反馈的责任，而不允许到第三方去说。当意见分歧很大时，就找双方都信任的另外一位同事进行调解。如果仍达不成共识，就让 3~10 位同事组成一个小组来调解。很少有争端会上升到最终由鲁弗亲自来解决。人们可以看到这个程序是公正、合理的，每个人都知道自己有求助的机会。所有同事都没有上级，同时也剥夺了老板的权力，使他们不能因为生活或工作中的其他事情而把员工当作出气筒或滥用权力。

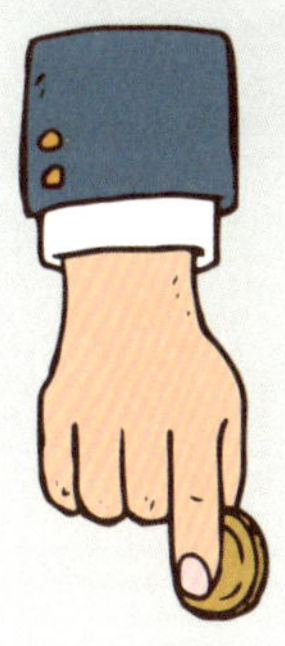

人才培训发展

所有同事都应该接受以下培训：公司的历史与文化，使命、愿景和原则，什么是自我管理，自我管理的工具及手段，如何采取主动，如何调解冲突，如何有效地沟通，团队协作，领导能力，教练与辅导，谈判技能，投资分析，招聘技巧等。晨星公司人才培养的目标是致力于将每位同事培养成为能够自我管理的老板，原来的管理者许多都变成完成专业工作的领导者和教练。在一家自我管理的企业里比任何时候都更加需要领导才能，因为人人都是领导者。

同事评估与反馈

每年年底每位同事都要根据同事理解协议目标、投资回报率目标和其他衡量指标，进行年终自我评估，请上下游同事评估自己并予以反馈。每年 1 月，每个业务部门都要对自己过去一年的绩效表现做出答辩，团队成员必须解释对公司资源的合理使用，分析不足之处，并提交改进计划。公司对绩效进行排名，并对垫底的部门进行调查。每年 2 月召开战略会议，每个业务部门有 20 分钟时间向公司全体人员陈述新一年的计划。同事们用虚拟货币对最具前景的战略计划进行投资，没有吸引到足够投资的业务部门将被审查并重新来过。

民选薪酬委员会

员工们从同事中推选出当地的薪酬委员会，公司每年会产生 8 个这样的委员会。薪酬委员会根据完全透明的公司财务报表，结合市场薪酬调研数据和绩效，核实员工的自我评估，找出遗漏未报的贡献。确定每个人的薪酬水平，确保员工的薪酬与他们增加的价值相符。如果有人想在任何时候重新商谈他的薪金标准，这不成问题，但你得对你提出的加薪提供一个业务分析，表明你当前和今后为公司做出的价值贡献也相应增长。晨星公司没有层级结构和职衔，也就没有晋升阶梯。得到大家认可的高能力同事的薪酬水平会更高。想要薪酬更高，就必须掌握新的技能，或找到新的方式为同事和客户提供更高绩效的服务。

如何打破“一放就乱、一抓就死”的魔咒

美国著名的管理创新大咖加里·哈梅尔（Gary Hamel）曾经在《哈佛商业评论》发表过一篇封面文章《首先，消灭所有经理人》，文中哈梅尔描述了晨星公司的自我管理模式，生动地罗列了晨星公司的种种管理创新举措，但是并没有很好地解释下面的问题：不管在中国漫长的历史中，还是在当今全球的许多企业里，大家都看到过许多“一放就乱、一抓就死”的现象。晨星公司是怎样做到放而不乱、抓而不死?

在我创建的自耦场理论中，可以找到这个问题的答案。晨星公司按照人们不应当强迫他人或他人的财产的假设，通过让每位同事自我担责求生、自由选择工作、人人自主创新、自主采购和招聘等措施，充分释放员工的自主意愿、活力和才能，使每位同事都能激情四射地在自己所擅长的领域中做出自己的贡献，总体构建了一种快速变化、自由创造、相互竞争的自生空间。同时，按照人们应当对他人信守自己的承诺的假设，通过互惠的同事理解协议、面对面的沟通反馈、自主的冲突调解程序这些黏合剂，将每一位同事吸引耦合在一起；最后，通过使命/愿景/价值观的原型参照、信息/资源/利益的开放流动、各种业务和职能平台对业务单元及每位同事的支持，使企业作为一个共场的生命体朝着一个共同的方向前进。（如图2所示）

我们可以看到，晨星公司的每位同事所拥有的自主自生的尺度超大，但是并没有导致一放就乱的问题，这是由于有一系列非常强大的耦合力量来将大家吸引在一起。而且这些耦合的力量不是来自传统金字塔组织中机械式的计划、组织、命令和协调，而是通过每位同事自身利益的内嵌机制，让大家有意愿去相互管理和彼此协作，形成了各种有机的自组织纽带。因为每位同事的工作职责和KPI都是来自丁自己上下游的同事，绩效评估和薪酬激励也是由这些签订协议的同事所决定，所以他/她必须服务好上下游的内部客户，并与之达成良好沟通反馈、相互促进协作的关系。这种强大的内嵌耦合力量没有造成晨星公司的一抓就死的问题，一则是因为强大的自生力量与自主耦合力量形成了互动的张力，二则是因为有共场的力量提供给组织精神、利益、信息和资源的支持及引导，使企业朝着既定的使命、愿景、价值观及战略目标的共同方向前进。

在晨星公司组织中的自生、耦合和共场三种力量达到了较好的动态平衡，形成了张弛有度的共同生态场域；自生的力量过大，没有耦合及共场的力量，组织就会乱，就像一盘散沙；耦合的力量过大，缺少自生和共场的力量，企业就会成为一块挪不动的铁块；共场的力量太大，缺少自生和耦合的力量，组织就像一团软绵绵的面团，黏而无力。自生、耦合及共场三种力量都很弱的组织，是一触即溃的肥皂泡；最有活力的组织，是自生、耦合及共场三种力量都比较强，是一种有良性内部张力的动态平衡的强大组织，晨星公司就是这种组织状态的典型。

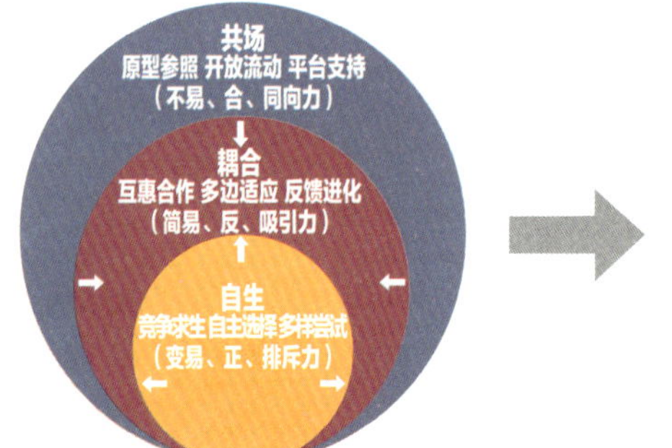

自耦场模型

· 原型参照：每个同事都要根据公司的使命制定个人使命，阐明自己将如何致力于实现公司的目标
· 开放流动：每个月两次，向所有员工公布每个业务部门的详细财务报告，共同对经营结果负责
· 平台支持：年底由员工之间互相评定绩效，并由员工选举薪酬委员会来确定调薪及奖金激励事宜

· 互惠合作协议：每位同事与工作最密切的同事商定一份同事协议，业务部门相互商定供求协议
· 面对面沟通反馈：每个部门/同事都有对别的部门/同事面对面反馈的责任，特别是有待改进之处
· 四阶段冲突调节程序：当同事面对面反馈沟通无法达成共识时的逐渐升级的调节程序

· 自我担责求生：每位同事负责完成自己的使命所需的培训、资源和合作，资深成员只是充当教练
· 自由选择工作：员工在提高技能和获得经验后，可自由选择更大的职责和任务，并自主持续创新
· 自主采购和招聘：权力始于责任开始的人。计算出投资回报率和净现值，征询资深同事后决定

晨星公司的自我管理实践

图2 自耦场模型及晨星公司的自我管理实践

从哲学的层面来解读晨星公司案例和自耦场理论

从中国易经的角度来看自耦场理论，自耦场的三原则对应于易经的三易，自生是变易，耦合是简易，共场是不易。“变易”是指，在时空之中，宇宙万物，世上之事，没有任何事物是一成不变的。组织中的人为了求得自身的生存，一定会多样尝试，我们不能剥夺其自主选择的权力，否则他们就物化成一个低能量的螺丝钉，而不是一个可以自我管理的高活力高能量的生命。“简易”，就是把复杂的问题简单化，以简驭繁，抓住事物之间的主要关系和主要矛盾解决问题。在企业中，就是建立利益内嵌的部门和同事之间的关系，让部门之间和员工之间相互管理。这种部门间和同事间的相互管理是一种有机反应，比起自上而下的指挥命令更能应对多样化变动化的内外部客户需求。而且由于管理的责任分解到了每一位同事的身上，去除了许多专职管理人员而成本更低。“不易”，是在宇宙万事万物皆变的前提下，还有唯一不变的东西存在，这就是“能变出万象的那个东西”，即“规律”是不变的。“易”虽然讲变化，但大道是永恒的，是不变的。对于组织来讲，就是企业的使命、愿景、价值观是相对稳定的，信息、资源、利益的开放流动是持续的，这样组织才拥有一个像土壤、水、空气的稳定环境平台来支持每个生命体的蓬勃成长。

从德国哲学家黑格尔的正反合辩证法来看，自耦场的自生、耦合、共场分别对应于黑格尔的正、反、合。**黑格尔认为一切发展过程都可分为三个有机联系的阶段：①发展的起点，原始的同一（潜藏着它的对立面），即“正题”，例如一颗麦粒，开始只是麦粒（正），但它实际上已包含了突破自己、否定自己的因素，这就是要长成麦苗；②对立面的显现或分化，即“反题”，例如当它真的长成麦苗时，就不再是麦粒了，而是达到了麦粒的对立面（反）；③“正反”两者的统一，即“合题”，例如麦苗最后还会成熟结种产生新麦粒。**新麦粒不是麦苗，也不同于原来的麦粒，而是两者综合的产物（合）。正题为反题所否定，反题又为合题所否定。但合题不是简单的否定，而是否定之否定或扬弃。合题把正反两个阶段的某些特点或积极因素在新的或更高的基础上统一起来。“正反合”的“合”是正题与反题的综合，是“自我与非我”的统一，而不是“和”的意思。自耦场的自生、耦合及共场三者是相互包含为一体的，只不过在不同的阶段有不同的重点而已。晨星公司的自我管理模式中员工自生（正）的前提是能找到食物，也就是内外部客户，这就是与内外部客户的耦合（反），而耦合之后还必须保持自己的基因和土壤，这就是共场（合）；自生、耦合和共场是相互包含、有机融合的动态平衡。

现代企业纠结于工业时代机械式控制与授权的持续焦虑中，一直没能找到良好适应当今不确定时代的组织形态。我曾经为一家大型家电集团提供管理咨询服务，他们的集团事业部制仍然无法摆脱科层制的禁锢，几十年以来公司基本上处于“放三年、收三年，收收放放又三年”（放权与收权）的组织痉挛之中。不管采取林林总总的修修补补的管理措施，问题还是很难得到根本性的解决。究其根源是很多企业家和管理学家只是将组织看成一台机器，甚至一台为股东赚钱的印钞机，员工只是其中的零件、资源或资本，而无法将员工作为有生命的人来发挥其自身的主观能动性，所谓的授权也只是外部控制的伪授权；也没有发挥员工之间、部门之间相互管理的利益内嵌的四两拨千斤的自组织耦合机制，所谓的协同合作也是自上而下强制的指挥命令；企业的使命、愿景、价值观也只是挂在墙上的口号宣传，没有成为贯穿企业这个生命体的基因，也就无法构建一个精神、利益、信息和资源共享的场域，企业只是一台赚钱的机器，而不是一个有灵魂的生命体。晨星公司看起来十分大胆的民主化自我管理模式之所以能够放而不乱、抓而不死，就在于它放了该放的（承认人追求自生的天然权力），抓了该抓的（建立利益内嵌的相互有机管理机制），然后以使命/愿景/价值观的真气注入组织的每一个细胞，使其有机融合为一个生机勃勃的生命体。

组织进化的现实困境与未来的分布式组织

施炜 | 华夏基石领衔专家，著名管理学家，中国人民大学金融证券研究所首席研究员

企业组织所处环境发生了哪些变化

我们现在都说企业组织的环境发生了变化，那么到底发生了什么变化？我认为，概要性地说，从竞争维度和需求维度，有以下几点是肯定的。

第一，竞争强度提高。

（1）竞争主体变化。很多产业竞争已至中盘，到了“剩者为王”的阶段。一些新兴产业已然是巨人的游戏。就连一些传统的、看上去没有多大前途的行业，也有实力强劲的“野蛮人”进入，进行降维竞争。

（2）竞争资源增加。在一些产业中，所有竞争主体在竞争中投入资源的体量、规模、结构、属性都跟以前不一样了。ofo、摩拜在共享单车领域要想获胜，投入的成本都在几十亿元以上，没有这个资源体量就不要玩。又比如，二手车广告在楼道里、电梯里的屏幕上天天有，得砸多少钱？

（3）竞争手段丰富。过去只有线下，现在增加了线上。过去线上终端是固定的，现在是移动的。全场景，全通路，立体竞争。

（4）价值“边际”产生的难度越来越大。所谓价值“边际”就是价值增量。例如西装，做了几百年了。现在搞个西装品牌，做得比别人好一点点都非常困难。显然，竞争难度加大了。

第二，竞争速度加快。

（1）所有的企业和品牌领先时间都缩短。过去能领先十年八年，现在能领先一两年就不错了，变化非常快。连苹果公司都有点危险。

（2）成长过程浓缩。以前成为一个著名品牌可能要十年八年，现在两三年就爆发出来了。这与竞争强度的增加有关，用一个成语来说就是“兴也勃焉、亡也忽焉”。

（3）全产业要素流动、信息流动、价值流动节奏变快。所有企业价值链及价值流运行的平均速度加快。

（4）产业整合和结构调整加剧。很多产业集中度的提升有加速迹象。

第三，不确定性增加。

（1）几乎所有事物和系统的确定性概率都在下降。2018年有一部印度电影叫《神秘巨星》，影片中的爸爸挺悲催的，每天工作十几个小时，一直出差，对妻女比较粗暴。这个爸爸怎么也想不到，在机场老婆会突然提出跟他离婚。离婚事件在印度概率是很低的，出入互联网之后，印度妇女也开始觉醒了。对电影中的爸爸来说，就是遭遇了原先根本不可能出现的不确定性事件。

（2）系统中局部的细小变化引发全局变化。这也是自组织的特点，一个边缘的变化通过自发、自为的机制和过程，使整个组织发生了变化。

（3）与跨界竞争者、替代者、新（黑）科技三者不期而遇。在完全没有准备的状态下，就被来源不明、特点不明的新竞争者干掉了。就像段子里说的：微信、支付宝的出现，使小偷行业遭遇灭亡危机，因为没有人带现金了！这也提醒企业，有的时候不能依赖过往路径。

（4）竞争规则、商业模式创新层出不穷。竞争的焦点往往不在局部要素和环节上，而是全要素、全环节的新的组合结构。

第四，需求侧地位傲娇。

“魔方”有三维：一维是收入维，收入维度在拉长；另一维是生活方式维，生活方式的差异在扩大；还有一维是场景维（生活情境维），这一维度也在不断丰富。

（1）魔方式的顾客结构。我最近出了一本书叫《连接》，书中提到，未来的市场是魔方式结构。三个维度都变长了，魔方的方块就会增加，这是一个市场细分的驱动力。还有一个驱动力就是“内卷化”，原来一个小方块分成两个小方块。比如，原来ThinkPad电脑不区分男女消费者，后来中国台湾的华硕等品牌进来以后，把电脑分成男用的和女用的了。魔方结构，说明细分时代到来。

（2）供需之间信息及知识的不对称减少和消除了。以前不少企业在品牌推广、营销运作的时候，基本上像一首歌里唱的那样，“村里有个姑娘叫小芳”，把顾客当作村姑小芳，你怎么说她怎么听；跟她好也行，不跟她好、离开她或假装想念她，也可以。现在不行了，小芳北漂到北京，比你懂得还多。在很多领域，顾客成了专家。

（3）个体顾客的组织化。这个组织化不是指消费者协会把顾客组织起来，而是互联网，人们形成社区和社群。比如现在的年轻人，在买东西之前会上美团网和大众点评，参与团购、发表言论，这就是组织化的一种形式。我自己也是，看电影之前先看看豆瓣网电影社区里别人的评论，凡是评分在8.5以下的不看。

（4）连接不上顾客。从心理连接来说，以前只要有资源，通过广告的轰炸总是能够让顾客认知和了解，现在互联网时代，媒体碎片化，和顾客的交互效率很低。从交易连接来说，线上线下立体渠道，布局和管理都非常困难。

环境变化对企业组织提出了哪些新要求

显然，当下及未来的环境变化对组织进化有了新的要求。不同的环境要求企业组织朝什么方向进化呢？我概括了5个进化方向。

第一，独特专长比平均能力更重要。为了生存，非洲大草原上的动物各有各的独特专长：豹子能瞬间提升速度，身体还能空间旋转360°，运气好的话，每天可以捕捉一只羚羊；鬣狗虽然长得很难看，但奔跑时间长、耐力久，而且能够吃腐物，不会饿着；狮子的专长是组织化围猎，几头母狮子一起把一头大公牛干掉；大象就是块头儿大，它一过来，狮子也赶快躲开……如果一个动物速度比不上豹子、耐力比不上鬣狗、组织化程度比不上狮子，且没有其他专长，在物竞天择的大草原上就会惨遭淘汰。

第二，发展能力和抗击能力的两极对称。组织既要能发展，还要能抵御各种风险。“两极”意味着，这两种能力都要发育和动态增强。

第三，既适应高强度竞争，又适应高机动、灵活竞争。高强度就要大规模、大协同，当然也意味着资源聚集和压强，而高机动又要分散化、多中心以及弹性化，这两种要求是相互矛盾的。

第四，形成洞察未来、整合战略、引领实践的认知方式。从过去的机械论到现在的概率论、系统论、量子论，企业认知方式一直在变化。

第五，深层价值理念保持正确的方向。从组织伦理来看，价值理念也在发生变化，例如从过去的竞争导向到现在的客户中心、无边界合作等，而检验企业价值理念是否正确的标准是绩效和人性。

顺便说一下，在人类的进化中，有两类价值观一直是交错的：一类是负面价值观，如仇恨、杀戮、侵占、欺骗等；另一类是正面价值观，如合作、信任、关爱、公正等。人类“半神半兽”，两类价值观交错。但如果全是善，没有恶，人类也不可能进化。对企业来说，要考虑顾客法则和竞争法则在文化上的平衡。

结构角度组织进化的起点：科层制

前面讲的是进化的必要性以及进化的方向，那么，具体怎么进化？在此我们不探讨认知方式和价值观的进化问题——那是一个大题目。我们只研究一个问题——从结构角度来讲组织进化。

过往所有的组织结构，用一句话概括就是科层式。这是分析组织结构演变的起点。科层式组织包括以下5个特点。

第一，从上到下层层分解责任和权力。从上到下目标统一。

第二，权力中心在组织的上部，且只有一个。组织驱动和连接的基本方式是权力。从运行方式看，纵向层层发布命令和指挥。

第三，可以构建大规模的组织。纵向结构的最大优势在于广泛、深入的动员能力，可以聚集力量办大事。

第四，不对称激励。组织的动力和活力来自不对称激励，权力在上面，责任、利益也在上面。不对称竞争典型的表达是“一将功成万骨枯”。要去竞争将军职位，大部分人都没有机会，但是一旦成为将军，可以获得巨大的激励。

第五，“硬控制”。也就是通过权力、规则控制组织。规则包括正向激励和负向激励。控制在很多情形下是有效的，但是它比较僵硬，没有弹性，适应性比较差，有时反而脆弱；要控制一个小事情往往要动员巨大的力量；对外界的反应常常是滞后的。

到目前为止，科层式依然是组织的基本形式。回到企业中来，直线职能制肯定是科层式，那事业部制算什么？事业部是企业集团的概念，包括两层企业。事业部内部往往是科层制的。如果把整个企业集团看作一个企业的话，比较集权的事业部制偏向于科层式（总部控制事业部），比较放权的事业部制偏向于分布式。

矩阵式是多维权力结构。一般的科层式是一个权力方向，都朝上。矩阵式有两个或三个方向的权力，一仆二主、一仆三主，实际上是多个科层式结构的组合。当然，矩阵式和标准科层式相比，在权力上是有分散的。标准科层式的权力是一个中心，非常集中；矩阵式的权力有点分散，但是没有分散到分布式的程度，它是对科层式的改进。

互联网时代的组织结构：分布式

那么，互联网时代的组织结构是什么？现在已经比较清楚了，就是分布式组织。

我没用平台式组织这一概念。我觉得，平台化组织不如分布式组织准确。因为平台化组织重点讲的是平台层面，其实我们更多的是要分析平台上面的多个并联组织，那才是直接创造价值的主体。

分布式组织有以下特点。

第一，多中心，分散控制。大家都知道分布式能源，每户农民就是一个太阳能的电站，能够自己使用或者并网发电。多中心是指在一个平台上有多个个体或团队，也可以有多个组织……它们是相对独立的经营单元，之间有一定联系，但彼此并没有垂直的控制关系。多中心、分散控制，意味着分权。

第二，多触角、多方向。通过分布式组织，可以多触角、多方向地探索和寻找生存空间和生存方式，更有利于发现机会。同时，可以通过局部损失控制来化解全局性风险。

第三，灵活机动，能够快速应变。对于突然出现的具体情境，可以快速反应。

第四，可能存在自组织、自适应（修复）机制。自组织是自我发育、自我成长，受了伤之后自我修复。自组织和分布式是什么关系呢？自组织一定是分布式，而分布式未必是自组织。因为分布式可以是没有联系的。

第五，组织内部无边界。因为是多中心，而且是动态的——没有任何一个中心是固化的，变化之中，组织内部边界自然被打破，可以进行自组织连接。

第六，组织外部边界消失。因为每个中心或单元都可以自主地与外部合作，组织的外部边界也消失了。

分布式组织的案例：《平原作战》

我在寻找分布式组织的案例时，发现抗日战争时期八路军敌后武工队的故事最为合适。有一部京剧《平原作战》，1974 年拍摄的，用来说明我们这个主题非常好。平原是指华北平原，主要在保定一带，左侧是太行山。八路军的总部在太行山，故事发生在 1941 年、1942 年左右，抗日战争的战略相持阶段。日本华北指挥部对太行山区疯狂扫荡，命令平原上的龟田队长将军火和粮食增援到山区。八路军指挥部采取的策略是派了很多小分队到平原上，组建敌后武工队，佯装大部队下山，拖住平原上的日军。有一个小分队的领导叫赵勇刚，他是一个排长，带着一群人“披星戴月下太行、流水疾风赴战场”。这就是任务小组，任务是“为山区获全胜、粉碎扫荡，要截断敌增援，保住公粮”。具体的方式就是分布式——“子弟兵化整为零驰骋在平川上，怒涛漫卷敌后方”。

赵勇刚下山之后，仗怎么打？这一段是这么唱的：“霹雳一声春雷响，平原上谁不晓工农的儿子赵勇刚”——品牌已经树立起来了，影响广泛。“战斗的足迹踏遍了太行山上，抗日的声威震撼着铁路两旁”——在一个很大的空间里自由地运作。“你找他苍茫大地无踪影”——无边界竞争，非常灵活机动，十几个人，躲这里也行，藏那里也行，敌人根本找不到他。“他打你神兵天将难提防”——打破原有的做法，把游击战上升到战略层面。“鱼在水鸟在林自由来往，哪里有人民哪里就有赵勇刚”——生态模式，融入了人民群众的海洋中，跟顾客、伙伴完全是无边界的。

通过这个故事，其实已经讲清楚什么是分布式了：多中心，且经常是并联的——肯定不止一个武工队；有一套实战中锤炼的作战模式和操作程序；有勇敢、坚定、具有使命感的团队领导人；有广大人民群众，即生态的支持。

结构上“分布式”了以后怎么办

结构上“分布式”了以后怎么办？这恰恰是企业组织面临的最重要的问题。如何防止各中心彼此独立、互不往来，出现离心倾向？如何防止多中心组织被蚕食和消解？如何避免出现力量和资源的分散？竞争强度大了，过于分散力量是不行的，要解决分布式结构下的组织关联和协同。

另外，分布式组织要求激活个体，但个体被激活了之后，如何聚集力量？分布式是开放式的，如何能够形成信任？这都涉及管理的本质问题。

这里提供一个思路：分布式组织的三个基础性平台和纽带。

分布式之后靠什么形成整体呢？

第一，价值观平台。这是最重要的平台。没有坚实、统一的价值观基础，分布式必然变成分崩离析。个人要进行文化的修炼，同时提升组织文化，组织文化影响个人；个人和组织在文化层面形成互动。

第二，信息和数据平台。一张网络上，数据是流动的、公开的、透明的、相互监督的、共享共用的。

第三，赋能平台。赵勇刚下山前以及下山后，需进行严格的学习训练，否则容易在严酷环境中失利。必须对分布式组织成员进行认知、技能培训，传播共享经验，构建组织智慧支持机制。

当然，现在火热的区块链思维也可以借鉴和导入，但目前我们还不必深入讨论。如果企业能够将上述的三个基础性平台筑底夯实，打好基础，其分布式组织就能够做到收放自如，形散神合，最大限度地支持企业在不确定和多变环境下发展。

Thought

2 思想

共享经济下的用工管理变革

REFORM OF LABOR MANAGEMENT IN THE SHARING ECONOMY

近年来，在信息科技、云计算、大数据等技术的推动下，兴起了以数字平台公司为代表的新型商业体。

王琦 | 中国人民大学　劳动人事学院博士

SHARING ECONOMY

在我国，数字平台在很大程度上是被纳入
“共享经济”
的范畴进行统计与分析的。
据国家信息中心分享经济研究中心发布的
《中国共享经济发展年度报告（2018）》显示，
2017 年我国共享经济市场交易额约为
49205 亿元，
比上年增长
47.2%。

数字技术对整个社会的生产组织、工作组织、工作场景产生了深远的影响。
其中，最为显著的表现之一是以数字平台为媒介的“点对点”就业模式的迅速扩张。
统计数据显示，2017年，我国提供共享经济服务的服务者人数约为7000万人，
比上年增加1000万人，共享经济从业人员已经占到城镇新增就业总量的10%，
而这一发展势头有望在今后持续高走。

新型就业模式的出现无疑促进了劳动力市场的灵活性，增加了就业机会。它所创造的灵活工作方式也的确受到了部分寻求“工作—生活平衡”群体的青睐。

然而，相伴而生的是社会各界对其潜在的用工风险、社会风险的担忧。尤其是，近年来平台型用工劳动争议频发、劳动事故屡屡见诸报端，关注平台型企业用工模式，挖掘其劳动风险的表现及原因，寻求适当的治理路径，已成为紧迫且不可回避的课题。

平台型企业：令人困惑的策略综合体

在平台型企业用工模式下，劳动问题和用工风险为什么会存在？这是首要回答的问题。如果这个问题能够解释清楚，至少为之后的问题解决明确了方向。

当我们仔细观察平台企业的商业模式，就会发现，它们已经和传统企业形成了显著区别。一般而言，传统企业通过招募雇员组织生产，通过控制或管理劳动者生产过程来完成利润实现。然而，得益于数字技术的规模化发展及成本降低，平台企业所实行的是不同于以往的商业模式，在产业组织理论学者的语境下，它被称作“双边市场/多边市场”。简要地说，就是通过匹配交易双方，降低信息成本、交易成本而获利。它的作用点已不是单纯生产领域，而是交易环节。在美国加州 Uber 的判例中，平台型企业坚持自身“互联网公司”的定位，认为其并没有介入到劳动过程当中，也就是依据这一点。

平台型企业飞速崛起，起初体现在软件、社交、零售领域。自 2015 年以来，平

台型商业模式向劳务领域迅速延伸。然而，当“平台”遇到“劳动”，事情就变得复杂得多了。如果平台型企业固守其“市场中介”“信息服务”的定位，并将其作为盈利点，这自然无可厚非。事实上，不少平台企业是同时开展多项业务的，而不同业务之间存在着互补的关系。例如部分互联网医疗平台不从医患双方收取费用，却通过将医患双方的信息进行集合分析，编写相关报告销售给制药公司获利。然而，在全球资本竞争的加持下，平台企业面临着“你死我活”的竞争局面。对于劳动型平台企业而言，交易量是决定其存亡的核心。如何维持稳定的劳动供给，如何提升劳务服务的质量，在某种程度上成为平台企业的核心关注点。在这样的背景下，劳动型平台企业天然的具有偏离其最初的“中介”定位，介入到劳动过程中的倾向。因此，当我们讨论平台用工性质究竟是什么？应当如何归类？我们所讨论的实际上是平台企业究竟采用了什么策略的问题。平台型企业的特殊性、复杂性、灵活多变乃是平台企业用工这一问题复杂性的肇始。

效率与风险并存的“平台用工生态”

在传统企业的情境下，我们将人力资源管理看作雇主对于雇员劳动过程控制的工具。当企业层面确定了战略目标后，通过构建内部人力资源管理体系，对企业目标进行分解、落实，同时创造内部公平、正向激励的工作规则，这是企业人力资源管理工作的核心。然而，这一切都是建立在雇佣劳动这一经济关系的基础之上的。在平台公司的情境下，需要反思的，首先是人力资源管理合法性的问题。如果平台执行类似于普通企业的人力资源管理方式，是否应当承担相应的雇主责任？如果平台固守其“信息中介”的定位，如何提升劳动供给量、劳动者的服务质量，进而提升平台的商业价值？

让我们回到现实，去看看平台型企业是怎么做的。根据对当前平台企业管理实践的观察，我们发现存在着一个效率和风险并存的“平台用工生态”。具体地，我们将平台公司与劳动者之间具体的互动过程简要归纳为以下几点。

第一，设置工作标准。

针对劳动者的工作流程、工作行为制定了工作标准。不论是网约车司机，还是送餐骑手，在他们注册平台之时，都需要承诺遵守平台一方的工作规则。平台借助 GPS（全球定位系统）定位、通话语音抓取等技术手段，监督劳动过程，并以此作为工作纠纷责任判定的依据之一。

第二，设置奖惩规则。

与工作标准同步的是奖惩规则，工作量大、服务质量好不仅体现在当期的平台收入上，还将计入平台对劳动者的工作考核分数中。部分平台也设计了考核分数的应用规则，分数高的会得到“奖金”或派单机会上的倾斜，而分数低的会遭到“扣款”、派单机会降低甚至“封号”等各类处罚。

第三，组建线下运营团队。

为了克服虚拟平台在特定信息传达、人员管理上的不足，本应属于线上的平台工作已经呈现出丰富的“线下形态”。例如，网约车平台依托于当地的出租车公司、汽车租赁公司进行司机管理；外卖平台依托于当地劳务公司进行骑手的管理。这些“分包商”在平台生态中正在扮演着越来越重要的角色。

第四，支持“自组织”的组建。

形式各样的贴吧、公众号、微信群、论坛成为线上工作者分享信息、交流经验、获得认同的渠道。这些“自组织”部分是由平台劳动者自发建立的，另外一些则是由平台公司发力组建的。

在这样的管理模式下，成效与风险同时存在。一方面，它采用了"轻资产""低成本"的管理模式，不直接控制劳动者的工作过程，而是通过"奖励""红包""评星级"等方式激励劳动者增加劳动供给。并且，由于这一整个过程都建立在劳动者"自由进入或退出"的规则上，容易使劳动者产生对平台工作方式的认同。这在一定程度上提升了管理成效，并且促进了消费者的体验。另一方面，在这一系列的管理模式中，许多东西是模糊不清的。例如平台介入劳动者工作过程（包括平台规则设计）是否存在合法性？平台型企业、线下管理机构如何在劳动过程中进行责任认定和责任划分？在我国特殊的劳动力市场背景下，相当一部分劳动者由于失业、就业不足，或因人力资本较低导致工作选择范围受限，被迫加入零工经济平台工作，他们对于平台产生了较为强烈的经济与心理从属性，事实上成为平台所制定游戏规则的"被动接受者"。

如果将分析重点全部放在了劳工问题，显然是片面了。就近期的滴滴司机杀害空姐一案来看，暴露的是平台用工管理漏洞对于消费者一方的伤害。从这个角度讲，平台型用工不仅是劳动关系领域的问题，更是关乎整个社会层面的问题。作为主打"交易匹配"的平台公司，是否应当承担起建设良好交易环境的角色，完全依托于数字技术能否有效的承担？这些都是应该反思的问题。

"强管控"意味着投入多，也就回到了"重管理"的老路，与平台企业的最初定位不符；但"弱管控"意味着风险大，对劳动者、消费者都意味着交易风险，为平台企业乃至新业态的持续发展带来阻碍。平台型企业，尤其是劳动型平台企业面临着这两者之间的艰难权衡。

充满变数的未来

根本上而言，平台型企业出现管理困境的原因归结于特殊信息交易成本的高昂。以网约车为例，尽管通过数字技术可以实现路径规划、司乘匹配以及支付方面的交易成本节约，但不论是司机的工作行为、心理状态，还是交通事故中的责任认定及平台工作标准的传达，并非所有的内容都可以通过窄小的手机App界面进行传达。如何将多主体纳入虚拟组织的工作管理过程？如何与实体机构进行合作，利益分成，责任共担？

在研究与立法层面，工业社会促成了产业工人群体；在数字信息社会下，零工劳动、自由职业是否会是未来工作世界的主流？这也未尝不会成为可能。这时，需要我们对工业革命下的理论研究思路进行革新。很重要的一点，就是不去试图将当前的现象强行套入到既定的概念范畴和理论框架中。我们还必须认识到，尽管工作场所、组织方式、运作机制发生了变化，但从整体来看，资本与劳动的博弈关系却没有发生本质上的改变，这就为我们关注劳动问题创造了必要性。对于以平台劳动者为代表的新型工作安排，应当更为关注劳动者的异质性，关注有关工作条件、责任相关的具体议题，而不是纠结于劳动关系定性方面的争论。

同时，应注意到数字革命影响的深刻性。数字信息革命下的平台式组织方式对于部分行业已经带来了本质上的改变。因而，从这个角度来理解当前的平台就业现象，它的重要性已经不仅在于人数和规模，更在于其"结构性的位置"。仅以出行行业或送餐行业而言，如果"零工"劳动者罢工，对于城市的交通、餐饮将产生巨大的影响。当前，"数字劳工"是很难团结起来的一个群体，如何集结他们的力量、传递他们的声音，建立平台、劳动者之间沟通对话、实现劳资平衡的良性机制，也是应当重点考虑的问题。更深一步，需要反思的是，对于具有公共服务性质的行业，是否应当由基于个人参与意愿的"网约工"来提供服务？政府、平台公司应当在其中扮演什么角色？数字信息技术的应用、平台就业的发展，是深化了工业社会的特征和问题，还是将会动摇工业社会的根基？

这一切都有待回答，新经济、新就业研究任重道远。

从滴滴事件看共享经济下平台企业的管理问题

近年来，共享型平台企业异军突起，成为中国市场上一股强有力的力量。
这类企业开启了全新的商业模式
——共享经济（Sharing Economy），且呈现出迅猛的发展态势。

任艺 | 北京华恒智信人力资源顾问有限公司高级顾问

据国家信息中心信息化研究部统计，2017 年我国共享经济市场交易额约为 49205 亿元，比上年增长 47.2%，如图 1 所示。未来几年共享经济仍将保持年均 40% 左右的高速增长。

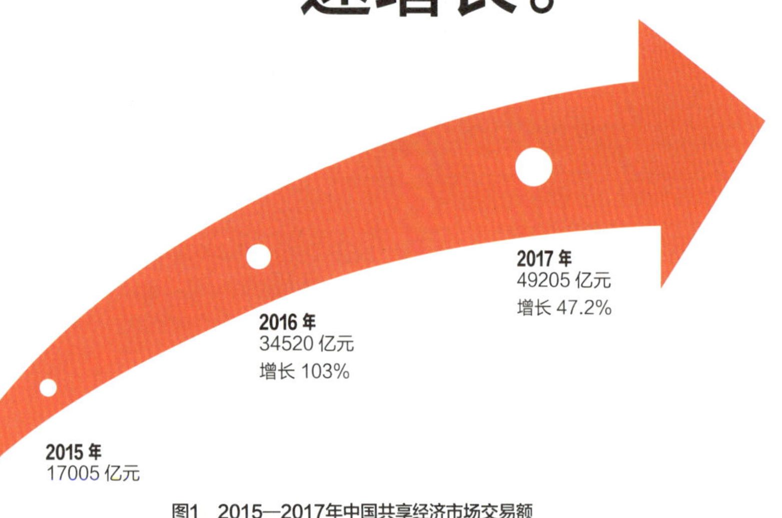

图1　2015—2017年中国共享经济市场交易额

“共享经济”
指的是一种资源交换与分享模式，
人们通过移动互联网技术建立平台，
在平台上进行闲置资源的互通与分享。

本质上是通过互联网平台将社会闲置资源在供需双方之间进行精准对接，从而提高社会闲置资源利用效率的一种新型经济模式。当前大热的滴滴、优步（Uber）、爱彼迎（Airbnb）等企业都是基于共享经济模式建立的，他们通过共享使集合的社会闲置资源使用价值最大化。

然而，伴随着共享型平台企业近些年近乎指数级的疯狂发展，越来越多的负面新闻也闯入了我们的视线：黑车接单（系统中显示的接单车辆与真正前来接乘客的车辆不符）、司机甩客（把乘客丢在高速路上独自离开）、殴打乘客、房客遭遇性骚扰……这些共享平台给我们生活带来便利的同时，也让我们开始对安全充满担忧。直到前段时间，未满 21 岁的祥鹏航空空姐李某在深夜搭乘滴滴顺风车时惨遭杀害，一时间滴滴成为众矢之的，关于用户安全的问题上升为全社会讨论的热点话题。

这一事件的发生，滴滴公司作为运营平台，难脱监管不利的责任。一方面，滴滴公司对于司机准入门槛过低，对人员、信息等审核管理不力，是导致这一恶性案件发生的直接原因。另一方面，滴滴打车本身就是新生事物，这类共享经济下的平台型企业有其自身属性，他们在改变人们旧有生活模式的同时，也对社会配套措施、监管环境等提出了更高要求。恐怕单纯依靠滴滴一家公司把所有安全隐患问题都解决掉，也不现实。这一事件的发生，反映出了现阶段公共交通或服务运营平台监管、相应法律法规的缺失，以及约束机制建设的不到位。此外，全社会各相关平台也没有有效共享信息，实现相互协作。

无独有偶。Uber 和 Airbnb 也都在几年前曝出过类似问题。2015 年，印度 Uber 的一名司机就因强奸女乘客，被判无期徒刑，而这名司机在此次犯案之前，也曾因另一起强奸案被警方抓捕过。2017 年，在墨尔本 Airbnb 上预订了一间民宿的顾客，遭到居住在该房的三名男子的杀害。

由此可见，这类恶性事件并不是滴滴一家公司遇到，而是具有一定的代表性。这可能是当今共享经济下，平台型企业在创新商业模式、整合社会闲散资源的同时，共同面临的问题。其实安全隐患一直都存在，只是相对于此次发生的滴滴司机杀人事件来说，有点“不痛不痒”，因此没有引起足够的重视。但如果不能从整体机制上着力改善的话，可能问题还会发生，只是怎么发生、何时发生，或者是否曝光的问题。

对于此次事件暴露出的安全问题，不仅滴滴公司，社会所有相关组织都应该引起足够重视，积极应对，尽快落实解决方案。那么，如何避免此类问题的再次发生呢？我们可以从宏观和微观两个层面分析。

1. 从社会公共事业建设的宏观层面来分析

首先，相关机构应该加快立法与规则建立，明确共同治理的公共安全事项，明确相应的责权关系，制定公共交通系统中各自的责任主体及处罚机制。从大环境上建立法制的健康生态。虽然滴滴类企业相对于传统企业，属于新生事物，但相关机构也要尽快完善法律法规及纠纷处理原则，对今后可能发生的问题建立判例依据及标准。这是提前预防问题，以及出现问题之后避免扯皮的前提条件。无论什么类型的企业，仅靠自身自觉来完善服务工作是很困难的，必须从政策法规层面，对滴滴类平台型企业提出更高的内部监管与运营要求。

其次，建立人才诚信档案的共享机制。心理学上说，“人的行为有因，行为具有一致性”。坏人大多不是一天变成坏人的，也不太可能毫无征兆的、就在一件事情上表现出“坏”的特质，就像这次的顺风车司机也是有前科的。所以，需要完善居民诚信档案，建立审核机制，进行社会诚信调查。在不侵犯个人隐私的前提下，在公共平台内部共享一些对个人违规违约现象的记录（如违法记录、多次欠款未还记录等），审核时也可以针对这些人花精力和时间重点审查。

最后，完善公共交通及各类公共服务方式，让民众具备多种选择的可能性。比如，晚上出行的时候，除了出租车或顺风车这一选择，是否还有更安全的公

共出行方式选择的可能性？笔者就曾在项目出差的经历中，多次遇到过由于下雨、下雪或时间晚了，没有公共交通方式可供选择，也打不到正规出租车，而不得不选择黑车回家的情况。现在想想也挺后怕的。因此，除了在大环境和政策建设方面增加监管和立法外，完善公共设施与服务方式，也是可行的解决办法。

2. 从平台型企业管理改善的微观层面来分析

由于我们是专业从事人力资源管理分析与咨询服务工作的，所以，对于平台型企业的管理改善，我们更多地看到的是人的问题，认为对人的管理不到位是一切问题的根源。

在共享经济下，处于闲置状态的人力资本通过互联网或企业平台进行使用权的有偿让渡，形成了新的劳动关系。这些人虽然没有和企业签订劳动合同，但仍然为企业的发展贡献了自己的时间、精力及劳动，并由此获得报酬，他们也是企业的人力资源。非雇佣员工（也有人称为“半挂靠员工、半契约式员工”）的出现，使得企业边界变得模糊，因为任何一个非雇佣员工的行为都可能给企业带来影响，就像这次的滴滴事件。

据统计，2017 年我国共享经济平台的企业员工数仅有 716 万，但实际的服务提供者，即非雇佣员工的人数却达到了 7000 万，是正式雇佣员工的 10 倍。如图 2 所示。共享型平台企业不仅要像传统企业做好内部雇佣人员的人力资源管理（选、用、育、留），更要对非雇佣员工做好管理，因为他们不论是从体量上，还是管理难度上，对于组织来说都是更大的挑战。

由于共享经济多数是依附于独立运营的平台进行，在平台上提供相关共享产品及服务的个人，与平台间基本保持着相对独立的关系。作为第三方的平台型企业，很多时候只是信息发布和匹配资源，对于提供共享产品及服务的个人是否具有相关资质，是否在过程中存在违约现象，或是否存在损伤对方利益等问题，无法进行核实操作，导致问题一旦出现，只能由交易双方中的一方来承担损失。

就此次发生的滴滴司机杀人事件来说，显然与前期滴滴公司没有做好非雇佣员工的甄选与审核工作有直接关系。如果滴滴公司在前期审核的时候能更加严格，而不是仅上传个人身份证就可以通过审核的话，很可能会避免这一悲剧的发生，毕竟这个司机是个有过犯罪记录的人。

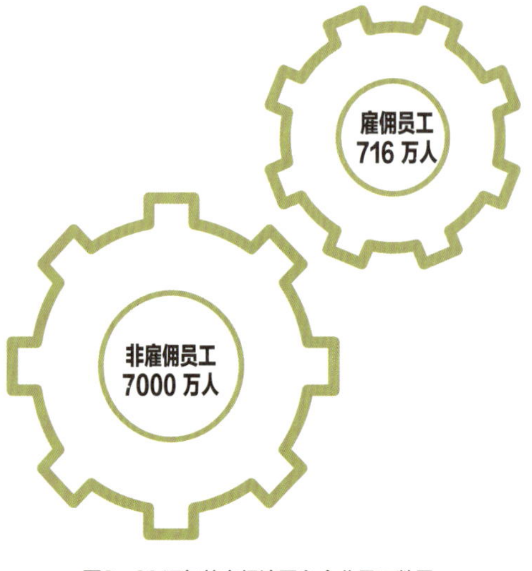

图2　2017年共享经济平台企业员工数量

对于快速发展的平台型企业来说，或许提高审核门槛将意味着牺牲扩张速度、增加管理成本。但任何企业要想走得长远，都不可能只关注自身的经济利益而置社会责任于不顾。更何况，加强对平台所发布信息及服务提供者的甄别与审核，是确保安全服务、降低风险的最基本手段。而提供“安全可靠服务”是平台型企业想要健康发展的前提。平台型企业不同于传统企业的线性发展，它们是呈指数级速度发展壮大起来的，然而一旦出现民众整体的信任危机，那么这些企业商业帝国梦的崩塌可能也是一瞬间的。

短期来说，平台型企业可以增加一些基本的任职资格要素用来进行人才甄选。如申请资质方面，可增加一些简单实用的信用指标（如无违法违规记录、能提供稳定收入来源证明等），同时也不至于给企业增加过大的审核成本。

此外，加强对非雇佣员工及用户的培训。通过平台工具、使用规则、奖励原则等基本内容培训，使得服务提供者能够更加了解平台，能够按照平台所鼓励的行为开展服务，为用户带来更好的体验。通过明确的约束条件及责任承担方面的培训，让服务提供者了解哪些是自己必须要承担的责任，一旦出现问题可能会带来的惩罚等，避免由于不知道问题严重性及后果而做出负面行为（相当于普法教

举个简单例子，北京市出租车公司要求司机必须有北京户口，有的公司对财务人员的要求也是具有北京户口。这些要求其实就是通过最简单的门槛设置，来控制风险的做法。当然并不是说有北京户口的人就不会犯罪，而是对于一个外来人口非常多的城市来说，通过有固定住所、稳定家庭及社会关系等，降低其犯罪随时跑路的可能性。再比如说，银行批复个人贷款的时候，对于国家公职人员有着更短的审核周期，其实也是本着“相信有稳定工作且有组织约束的群体，违约概率更小”的基本逻辑。

育）。通过应急及急救等方面培训，让服务提供者及使用者都能够了解到遭遇紧急情况时该如何应对（包括考虑建立直通的报警电话及应急定位捕捉等）。当然，平台型企业对于非雇佣员工的培训，肯定不能像常规企业培训内部人员那样，能组织内训或公开课，通常只能借由平台的界面（网页或 App）来实现。因此，可以通过设定最低在线学习时间、定期答题考试成绩等学习培训指标，来作为非雇佣员工的上岗条件。

长期来说，企业内部可以逐渐通过服务打分机制（如滴滴的乘客对司机服务的打分，是否有爽约行为，是否文明驾驶等），完善对非雇佣人员的评估与二次筛选，然后通过大数据记录，实现智能派单：对信用不良的司机直接淘汰，对信用评价不那么高的司机少派单，只有信用非常好的司机，才能不断接到更多优质订单。通过评价结果反馈和大数据的支持，实现正向引导与激励。

企业外部，可以通过社会各平台信息共享机制的建立，实现共同协作和信用审核。在共享经济背景下，平台型企业可能会越来越多，这些平台之间首先可以实现信息共享。比如，一般来说，喜欢网购的人，往往淘宝、京东以及其他购物 App 都用的多，而且消费行为通常都是有一致性的（购物习惯如何，是否总是退货、是否利用差评诈骗商家赔款或欠款不还等）。所以，在一个系统内建立起来的信用情况，可以共享到另一个平台上。其次，企业可以与通信、公安、税务、网信、银行等机构和平台合作，在非雇佣员工进行注册和认证时，重要信用信息可以直接从相关机构获取。此外，企业还可以通过将非雇佣员工的注册账号与其社交账号关联绑定，通过大数据技术对其相关信息、社会属性和信用水平等进行进一步审核。最后，设立保障基金，完善保障赔付机制。毕竟，非雇佣员工与平台型企业的关系相对独立，平台型企业除了必须做好审核与监管工作之外，还要保障好用户与提供服务者的双方利益，比如万一出现问题，任何一方可以有效地及时得到赔付，必须考虑补救措施。平台型企业也可以考虑与第三方保险公司合作，完善赔付机制，明确赔偿金额、赔偿标准、赔付方式及时效要求等，这未尝不是一个对用户、服务者和平台型企业三者负责的保障底线。

伴随着共享经济的高速发展，非雇佣员工成为平台型企业人力资源管理的重点与难点。然而一次又一次安全事件的出现告诉我们，解决伴随非雇佣员工这一新型劳动关系而来的问题，不可能一蹴而就。要想从本质上解决问题，还需政府、企业、公众各方的共同努力。

人才共享：世界才是我的人力资源部

人才的稀缺困扰了大多数高速发展的企业，特别是高端技术型人才。

白睿 | 某百亿元级上市集团 OD（运营总监），高级培训讲师、高校客座讲师、特约撰稿人

在这个世界上，很多物品都能共享。300 元一晚的 share room（共享房间），下雨了就花 1 元租用雨伞，还差几千米没有特别合适的交通工具时也可以花 1 元起租自行车，手机没有电了 1 元也能租用充电宝；200 元一天的汽车，50 元一天的停车位，30 元一天的玩具，100 元即可享受五星级酒店厨师做的饭，不收租金只收消耗品费用的打印机；如果你去参加派对缺少名牌衣服和手包，花 300 元左右就能租用一天；如果你想出海但是没有游艇，花 2000 元就能拥有一天……

美国《时代周刊》将共享经济称为未来十年改变世界的十大思想之一。那么问题来了，人力资源作为企业的一种核心资源，在共享经济的背景下，它如何实现共享，避免人力资源的闲置浪费，从而提升企业和个人的价值呢？

共享经济为人力资源的共享提供了一种商业模式，理所当然为人力资源的共享利用提供了可能性的示例（如下图所示）。

人力资源的共享利用图

人才能力的盈余：稀缺资源中富足经济

成都地区的一个创业公司发布了一个项目需求，北京一家知名互联网公司的工程师埃里克（Eric）发现这个需求，而他正好具有完成相关项目的经验。彼此对接后，Eric又找到在杭州的前同事贾森（Jason），两人利用业余时间在两周之内迅速完成项目。创业公司团队非常开心，奖励两人一笔丰厚的奖金。

人才的稀缺困扰了大多数高速发展的企业，特别是高端技术型人才。很多人感慨，最好的人才都在万能的朋友圈里。同时随着创业创新企业对人才需求的不断增加，更多创新创业公司因为实力、成本、人脉资源等原因，存在高端人才稀缺的问题。客户的需求方向就是未来的产品方向，因此“人才共享”有四点必然性。

（1）人力资源过剩。我国经历了三次对人力资源的需求。第一次是在新中国成立初期，百废待兴，因此管理人才急缺。第二次是在改革开放以后，经济和金融专业人才缺口很大，还有国际商务人才在这个阶段也激增。现在就是第三次的需求，结构化需求，也就是随着人才的专业化程度越来越高，一个优秀的公司必须同时配置不同专业的人才，但目前大部分公司都没有充分地利用这些专业人才，导致人才资源的浪费。

（2）人力成本过高。经济发展带来的财富增长，加上人本身内在的期望，薪酬和薪酬周边成本越来越大。尤其以技术开发为主的公司，技术人员资源投入较高，这样便给企业的发展带来极大的压力。人力成本高低也是与国际市场进行比较的。中国崛起后，周边的一些国家就彰显了其成本优势。

（3）自由职业成为趋势。随着工作自由化的发展，原有的雇佣关系将慢慢被淘汰，取而代之的是合作关系，也就是说，一个高端的专业人才可以同时找几个公司合作，而公司也无须雇用一大堆技术人员而承担过重的人工成本。

（4）“薪”的概念将淡化，“酬”的概念将突出。共享经济模式下，企业与员工的劳动关系宽松化，企业的薪酬发放不能以现在“月薪”模式发放。薪酬机制肯定要做到时时兑现，工作任务完成，相应的评价、薪酬的计算就必须即刻完成，人才随即得到应有的报酬。甚至由于人才提供者的短期性和不确定性的加强，不再需要有工资的概念，而仅仅将其视为产品成本的一部分，直接作为费用予以处理。人才也不需要或者说没有必要了解取得的收入是工资、奖金或者是津贴、补贴，这些概念对共享经济来说，没有任何作用，因此，薪酬发放机制中，“薪”的概念将淡化，“酬”的概念将突出。

下表是经济转换时各因素的对比，人才共享特性也包含在其中。

经济转换时各因素的对比表

工业经济	共享经济
单一化	多元化
集中式的	分散式的
维持现状	尝试、学习、适应、发展
少数人掌控资产和财富	大型网络胜出
追求垄断地位	追求最大参与度
通过规模经济实现繁荣	通过自由经济（过剩产能）实现繁荣
标准化	定制化和个性化
通过商业机密和专刊创造价值	通过意见交换和开放的标准创造价值
网络电视	YouTube等视频平台
银行	互联网借贷公司
拥有资产	租借资产
主流媒体	自媒体居多

国家和海外企业成为世界人才的“大猎”

国际化人才是指具有国际化视野、熟悉与业务活动有关的国际惯例与规则、熟悉本专业的国际化知识、掌握国际通用语言、具有跨文化沟通能力和国际化运作能力的人才。如果没有足够的高层次国际化人才，中国将无力承担在经济全球化时代需要担负的各种角色，“一带一路”倡议也无法有效落实。

当今世界各国之间业已打响了人才争夺战，不论是美国的“新职业移民计划”、英国的“杰出人才签证”、加拿大的“卓越科学家计划”，还是韩国的“智力回归500人计划”，都是体现国家意志的政府“猎头行为”。

因此，最近“国际化人才”概念不仅在企业中得以流行，在各级政府的政策里也经常出现。此时，我国的“海外高层次人才引进计划”（简称“千人计划”）应运而生。“千人计划”是指引进研究水平居于国际前沿，掌握核心关键技术或拥有专利的人才，其中有诺贝尔奖获得者和发达国家科学院院士80余人。使我国在生命科学、物质科学、能源技术、材料装备等学术领域的前沿和核心技术层面上取得了国际领先地位，在许多关键领域实现“弯道超车”，创造了巨大的人才溢出价值。

而国内市场面对强大的国际竞争空间，更是进入人才鏖战的争夺期，目前，北京、上海、广州、武汉、西安、南京、杭州、成都、济南、石家庄、郑州、长沙、太原、厦门、大连、青岛、合肥、宁波、东莞、义乌、宜春、珠海等城市纷纷因地制宜地制订了高层次人才引进计划，出台了人才引进相关政策。比如以北京为代表的一线城市人力资源层次丰富，人才类别从高层次科技创新人才到基层劳动密集型产业工人全部涵盖，其中普通中高层次人才数量较多，接近饱和。因此，北京人才引进政策的立足点不在于吸引普通中高层次人才，而在于吸纳“高、精、尖”的创新拔尖型高层次人才。

这些背景都是实现人才共享机制的基本情景，很多国内企业通过海外并购来获取资产的同时，把优秀人才的剩余价值也“并购”进来。如果说政府主导的人才引进是“筑巢引凤”的话，那么国内企业的国外并购、收购就是“智力嫁接”。还有一些企业选择去非洲、南美等地“带土移植”，把自身的人才优势“复制”出去，这也是人才共享的机制。这些机制脱离了以前的“客座顾问”“远程会诊”模式，变得更加与实际贴近。

归根结底，人力资源格局在共享机制面前，变得宏大而有魄力，只有心怀世界，才能真正把世界人才纳入自己的人力资源部。

借力科技，人才共享与人工智能共舞

IBM（国际商业机器公司）在人力资源方面的AI（人工智能）应用产品Watson（沃森）里面包含了人力资源的三个框架，解决了人力资源模型深度学习的接口，如何在网络上寻找专业人才、洞察竞争对手人才需求，基于职位体验和技能的感知度的评估模型这三个问题。同时，在大数据、智能计算等技术的催化下，人才共享一方面让企业和人才匹配更高效，另一方面也开始探索商业模式和盈利之路。

可以说，自动化、认知计算和大众的颠覆性变革将会重新塑造当下和未来的人才构成。这就需要人力资源部去重新审视自己的工作，去思考共享机制的作用，去考虑人才精准匹配的作用。

重新审视工作：能否将现有的重大工作细分，细分后立项，让更多的专长人才来负责？哪些工作的哪些方面可以被人工智能取代？企业是否愿意拥抱科技，开辟人才平台，让工作更加轻松，更具扩展性？人工智能能否通过工作的细分和人才的贡献衡量人才的薪酬，能否与金融产品联动，让人才的收入增值？

人才匹配作用：虽然工作逐渐实现细分与分包，但是工作中“必需的人力”部分变得更加重要。能力、感情、沟通、意愿、欲望、问题解决和项目决策等需求比以往任何时候都更有价值。虽然一些人夸大人工智能、认知计算和机器人的负面作用，但是这些强有力的工具仍将促进企业产生新的工作岗位，提高生产率，使人才专注于人力方面的工作。

企业如何通过自动化实现人才共享的最大价值总量？如何将一个人的能力合理分配在不同的项目上，使其在每一个项目上更专注，又能兼顾其他项目？能力盈余与工作细分之间有着怎样的逻辑和算法？人才在组织、工作和决策所产生的短期和长期影响如何平衡？从工作和人才重新定义中，是否能探讨出委托共享、借用共享、购买共享、并购共享、项目共享和候鸟共享的世界人才管理机制？这些问题有待我们下一步开发和应用，并以此丰富共享世界人才，世界人才也得以更加共享。

人才共享，你准备好了吗

当今社会，共享经济无孔不入，
用人用工模式天翻地覆，
人才共享也成为人力资源行业发展的未来方向。

严川 | 国家二级人力资源管理师，资深管理作者，上海有帮人力资源管理有限公司合伙人

如果说十年前的企业方强调的“不得兼职”现在还要继续坚持的话，企业的表述需要增加为“不得兼职、不得开淘宝店、不得做微商、不得私自运营微信公众号、不得参与众筹发起、不得在共享平台接单、不得以专家顾问等身份为其他组织或个人提供有偿或无偿的智力服务或体力服务，不得……”。

然后，企业会发现自己无论怎么更新制度，都跟不上员工“兼职”的脚步。
于是，有人为企业指出了症结所在：共享人才时代正在到来，兼职概念正在消失。

谁会成为“共享人才”

共享经济最早由美国得克萨斯州立大学社会学教授马科斯·费尔逊和伊利诺伊大学社会学教授琼·斯潘思于 1978 年提出。其主要特点是，包括一个由第三方创建的、以信息技术为基础的市场平台。其本质是整合线下的闲散物品、劳动力、社会资源。可见，共享经济被提出的时候，就包含了“共享人才”这一概念。

共享人才的本质概念，是指向“自由职业者”和“多重职业者”的，并非所有职场人都适合成为共享型人才——如果把所有的义务帮忙、外包、劳务派遣都算入共享人才，其实是有点泛化概念的。

笔者认为成为共享人才的通用条件是：在一个组织里被印证过具有某一方面的技术/能力特长，且必须有时间为其他企业或个人提供有偿服务——而在我国几千年官僚文化、几十年计划经济影响、至今未能打破的户籍制度的熏陶下，一个人只有属于一个组织才能拥有安全感，所以国内的共享人才其实是多重职业者占主流，自由职业者尚在少数——很多职场新人找不到满意的工作就打着自由职业者的称号混迹共享人才平台，其实是在为做大共享人才平台的投资数据而滥竽充数。

“共享人才”的价值判断标准需打破传统

在共享人才的价值定位上，当下的国内职场，主流观念还是把人与企业捆绑的，比如我们介绍一个人，通常都会附带上他的企业背景，一个跨国公司的总裁和一个创业公司的总裁，同样是总裁，几乎可以判断为两个概念。

理论上，共享人才需要打破这个价值认知体系，要以专业标签或胜任力标签去给每个人做分类，一个设计师，不管他是来自4A（广告行业里的知名公司）公司，还是个人身份，只要他的技术过硬，他就是一个优秀的共享人才。但是，这个认知体系显然还没这么容易被打破，时至今日，我们还是以高大上的职业背景作为判断人才高端与否的标准，不信你摸着自己的良心问问，是否愿意为来自4A公司的共享设计师付更多的共享费用?

人才不是物品，加上“共享”这个属性的时候涉及了比车辆、充电宝、雨伞等更多的变量因素：胜任力和特长的适用性、时间成本与优先级、法律责任界定与承担、信息安全与人身安全、沟通语境与企业文化差异、评价与验收体系等，有些因素可以通过技术手段、法律手段予以解决，有些则难以解决。

“共享人才”可能面临的问题

角色不同，关注点不同。对于全职雇主来说，开始质疑工作安排的合理性，和雇员之间产生信任危机，对于共享人才，调整本职工作和共享任务之间的重心，合理安排自己有限工作时间成为难题，而共享雇主对共享人才是否能够提供优质的服务，投入这部分人力的必要性产生怀疑。

大家逐渐发现，共享雇主勒紧裤腰带花了钱请到了BAT（百度、阿里巴巴、腾讯）的“大神们”，可是“大神们”的工作态度并不如预期，以“顺带着做做”“大不了退钱”的姿态参与自己视为命根子的项目，实际的工作成果并不理想。

再加上共享人才的个税缴纳问题、共享费用的财务入账问题、共享项目的成果交付质量与项目后续维护问题、共享项目的商业保密问题、共享人才的竞业限制问题……综合想想，好像企业里任何高收入的岗位都不太适合共享、低收入的岗位又不必要共享。

?

我们可以想象这样的场景，

对于自己的得意员工去做共享人才，全职雇主三连问：

- 他是不是工作量不饱和，我要不要给他增加工作量？
- 他是不是对收入不满意，我该不该给他加薪？
- 他会不会无意间在为别人工作的时候泄露我的商业机密？

对于选择做共享人才的员工，共享人才三连问：

- 本职工作和共享任务，我该先做哪个？
- 共享雇主比全职雇主更有实力，橄榄枝来了接不接？
- 共享雇主的需求是应付过去拿到报酬就可以还是要全力以赴做到最好？

对于选择共享人才的共享雇主三连问：

- 是否有必要增加这一岗位？
- 他是否能够全力以赴？
- 他是否能达到我的预期？

共享人才的时代
必是自由职业者的时代

我们可以发现，在共享人才的商业模式已经相对清晰的欧美市场，基本上都是以自由职业者的参与度来衡量成果的，极少提及兼职者，比如有报告指出美国已有超过 5300 万自由职业者，占总劳动力的 34%；Upwork（一个自由职业工作平台）官方统计数据显示，在其平台上进行交易的自由职业者总收入数额已超过 10 亿美元；而 Upwork、Freelancer、Crew、Toptal 等多领域人才共享平台也都为用户赋予“自由人”的身份。

如果不是出于偶然，那么我们就应认识到，共享人才的商业模式最终需要聚焦的其实不是“共享”，而是“人才”，甚至是“才”，共享人才的商业模式的黄金时代也不是多重职业者占主流的时代，而是自由职业者占主流的时代——市场还在培育，未来尚未到来。

在未来到来之前，和其他共享项目不同，打着“降低成本”和“赚点外快”的旗号做共享人才商业模式的，都把焦点放在怎么“共享”上，而非放在怎么提拉和实现“才”的价值上，最终只能把共享人才的商业模式做进多输局面，极有可能会遇到如下问题。

（1）全职工作的价值被忽略，大家都想着怎么赚快钱，年轻人尤其是网络时代成长起来的年轻人，不喜欢被束缚的脾气被放大。

（2）共享人才开启明星模式，天天连轴转赶场子，或者接单量超出能力范围，质量越来越差，或者被利欲诱导虚应故事，责任心越来越差。

（3）各大共享平台争相抢占市场，要么共享人才的价格远远低于人才价值，与全职市场开展恶性竞争；要么共享人才的价格远远高于人才价值，最后不管是资深人士还是职场小白都来做共享人才，导致共享人才良莠不齐，劣币驱逐良币。

探索“共享人才”
管理新模式

在共享经济背景下企业的人才管理无论是在理论界还是在实践领域都开启了新的篇章。共享的观念，共享的格局和共享的环境决定了共享人才商业模式的顺利运转。

以下是笔者关于共享人才商业模式的一些浅显意见。

（1）用人企业方：建立需求导向型人才共享计划。

以需求为导向的人才共享计划是企业的必需品，与其坐等优秀人才自谋出路，不如做强自身雇主品牌，充分考虑人才净值，在保证企业目标达成的情况下，主动为人才规划职业发展可能，包括共享人才计划。

（2）共享人才方：提升自身“共享价值”。

不要将企业知名度和个人收入放在首位，而是要积极修炼内功，做好每一单，对得起每一个客户的付出，进而在优势特长的基础上多给自己找门路镀金，同时关注行业发展动向，掌握最新的理念、技术、工具，做共享市场的常青树。

（3）共享雇主方：找准人，留住人。

不要贪图小利，要相信一分价钱一分货，聘请共享人才前把握好对方的特长技能乃至工作思路性格脾气是否符合自己的企业需求，想清楚自己要的是便宜还是质量，同时在与共享人才的合作上不卑不亢、平等互利，每个需求点争取到一两位可以长期合作的共享人才。

（4）共享平台方：聚焦“人”，保障“才”。

用心打造平台，聚焦“才”的交易，保障“才”的价值得到彰显，整合专业人才而非所有人才，打造专业人才集中营而非网上人才市场，要为人才提供共享工作机会，更要为人才提供配套的各方面服务，只要人才服务做好了，活跃度上去了，企业方自然会来找到你们，不愁没有埋单者。

人才共享模式虽属新兴事物，但一定是无法阻遏的时代大势，企业如何合理利用它的优势，扬长避短，达到降本增效的目的，如何规避风险，防患于未然，又能实施有效的管理，将是人力资源管理者不得不深入研究的新课题。

Method
3 方法

平台型企业人力资源管理系统再造

REENGINEERING THE HUMAN RESOURCE MANAGEMENT SYSTEM OF PLATFORM-TYPE ENTERPRISES

互联网的“上半场”改变了信息的互通方式，
使社会变得更加透明；
互联网的“下半场”改变了大众的生活方式，
使社会变得更加易于交互。

兰青秀 | 智睿思信管理咨询平台公司创始人，西安交通大学管理学院 MBA（工商管理硕士），
国家注册管理咨询师，国际注册管理咨询师（CMC），国家人力资源管理师

社会的发展推动了个体意识的觉醒和个体能力的综合性提升，传统组织的概念正在被改写。平台型企业，为解放个体能量而生的组织，正在新时代的经济社会形态下茁壮成长。

任何新生事物的成长都不是一帆风顺的，在矛盾中前行和更迭，是亘古不变的真理。空姐使用滴滴打车遇害的事件，引发了社会对平台型企业人力资源管理系统，尤其是人力资源风险管控方面的深层次探讨。

传统企业依赖“信息+行为+互动”管控人力资源风险，即在入职的时候核实员工的个人信息，工作过程中要求员工的行为符合社会和企业的要求，在企业与员工的互动中了解员工的家庭状况及生活状态等。而对于平台型企业而言，员工关系相对松散，传统的人力资源风险管控方式似乎有点“鞭长莫及”。那么，平台型企业该如何再造与其业务特点相匹配的人力资源管理系统呢？

平台型企业的人力资源管理系统再造，可以从员工关系界定、招聘资质审核、业务运作监控、企业文化教化四大关键点着手，如右图所示。

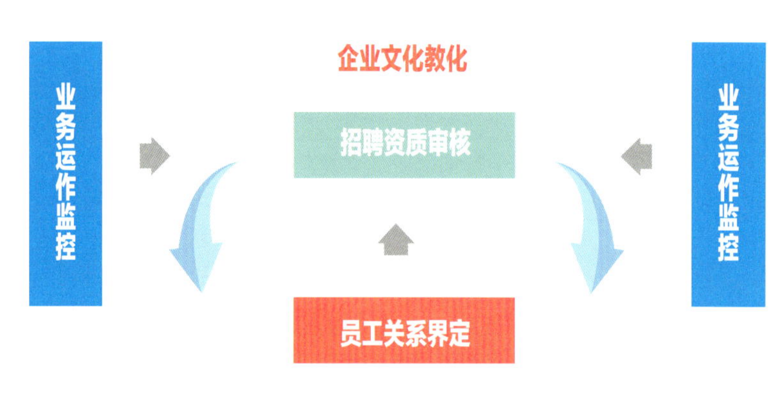

平台型企业人力资源管理系统再造的四大关键点

第一，员工关系界定。

平台型企业的员工关系已经从传统的“雇佣关系”全面向“劳务合作关系”转型，这是人力资源管理系统性质的根本变化，决定了平台型企业人力资源管理系统的设计基础。“劳务合作关系”是时间相对灵活的、基于一个或多个单独事项进行劳务合作的、非雇佣的合作关系。

平台型企业的员工关系管理需要重点关注劳务关系确立、社保关系处理、涉税事项处理等相关事项。劳务关系确立需要完善法律文本，签订劳务合同，明确合作权责与违约责任等；劳务合作不涉及社保关系转移，但是需要确认合作员工已经自行缴纳社保，平台型企业根据实际情况给予员工适当的社保补贴；涉税事项需要员工自行到税务局代开劳务发票，进行涉税事项处理。

第二，招聘资质审核。

平台化企业的运作模式之下，公司总部与旗下的员工也许“素未谋面”，甚至很多员工的资质性文件也存在真实性的隐忧，因此给招聘资质审核带来了不小的困难，滴滴打车事件的调查结果也凸显了资质审核的监管短板。

招聘资质审核要把组织审核和社会信用有效结合起来。一方面，从组织风险管控的角度，要求员工提供多角度的个人资质证明资料，并做出资料真实性的承诺，随时接受检验和审查。另一方面，企业应充分借助社会信用体系，例如芝麻信用等，全方位掌握员工的个人信用情况。当员工的资质越来越透明，自发存在的约束力量就能发挥更大的作用，责任追溯也极其方便。

第三，业务运作监控。

员工关系界定与招聘资质审查，都是前置性的人力资源风险管控措施。核心的风险管控是在业务开展过程中的即时的风险识别，管控和处理的一系列措施，其中对业务运作的监控至关重要。

如何有效开展业务运作监控呢？首先，就是业务流程的标准化。业务运作需要有一套完整、规范、严谨的运作流程，特别关注业务流程中的关键风险点，制定明确的业务标准，从标准上控制、清除风险发生的“土壤”。其次，要针对重要的风险点准备应急预案。所谓重要风险点，指的是该处的风险一旦发生，造成的后果仅靠企业和员工个人是难以承担的，比如发生刑事案件等。尽可能地穷尽所有可能发生的重要风险，做好与之对应的应急预案，是人力资源管控中较为重要的内容之一。

第四，企业文化教化。

企业文化是企业倡导的包括思维方式、行为风格、工作习惯、职业素养等一系列因子的综合体。平台型企业的企业文化建设是个很有挑战性的课题。因为常规的企业文化是“基于相处、通过活动、经历时间”来沉淀的企业特质，而平台型企业员工“几乎没有相处、活动难以实现、组织黏性较低”等特点，使得企业文化更难以形成，也更容易波动。

但是，平台型企业员工越多，越需要相对一致的企业精神信仰。企业文化从来不是虚空的花架子，而是对深入企业DNA（脱氧核糖核酸）的理念精神层面上的认同。平台型企业的企业文化建设，可以从建立圈子和延伸服务两个方面着手考虑。第一，建立圈子。通过线下俱乐部、线上社群等聚拢员工，分享理念、知识、经验，加强圈子内部交流，拉近员工之间的心理距离，增强员工对平台企业的组织黏性。第二，延伸服务。针对员工的工作特点和个性需求，推出个性化、层级性的福利措施，激发员工的工作成就感，增强员工的组织归属感。

平台型企业的人力资源管理系统再造，从员工关系界定、招聘资质审核、业务运作监控到企业文化教化，是一个从“硬件更新”到“软件升级”的过程，彰显着平台型企业人力资源管理系统的鲜明特色。

平台化企业的人力资源管理系统，正处在“摸着石头过河”的探索状态，需要在实践中不断检验，最终才能收获真知。但是，我们不能因为害怕变化就停止追逐未来的脚步。大步向前，预见未来，未来已来，等你叩门。

基于心理学基础的平台型企业人力资源管控体系建设

师至洁 | 管理心理学博士，中国职业心理网创始人

如今，平台思维不再是互联网行业的专有名词，它已经被运用到组织架构设计中，作为组织管理者，将面对更多的人力资源问题：传统的“公司 + 雇员”这种持续了一百多年的组织体系，正被互联网时代平台化的组织所颠覆。

一种全新的、显著的组织景观正在成为主流趋势

在非互联网时代，个人离开了组织，很难获取资源，如今，个人即便离开了组织，也能做事，这无疑对传统企业形成巨大的挑战。“互联网平台 + 海量个人”正在成为我们这个时代一种全新的、显著的组织景观。

有一点是可以肯定的，但凡愿意在平台型企业上去更好发展的个体，本身就已经拥有了独立生存的能力。

台型的组织模式，正成为新经济领域中的一种主流模式：平台化的企业，用户群都是数亿元规模，比如淘宝卖家数超过了 1000 万、用户数超过了 4 亿；滴滴平台上聚合了几亿用户及 1500 万人以上的司机等，这是传统企业无法企及的数字。

虽然平台化模式未来会成为主流，未来越来越多的组织形态或将朝此方向改变，传统的“公司 + 雇员”的组织形态可以理解为是“火车模式”，但是，平台化企业的人力资源管理也正挑战着管理者们的思维与行为。

只不过，这群个体们想发展得更好而已。所以，这就要求平台型企业主首先要把这个平台打造起来，不仅仅是搭建那么简单。让自己有足够的资格占领主位，平台自身再去设计一定的规则与标准，招募、吸引到更多愿意借力发展的人。

我自己曾在某大型咨询公司就职过，公司主体是一个典型的“平台＋个人”的运营模式，平台仅仅提供场所、品牌，包括文化方面的支持，项目的运营、团队福利、社保关系等均需要每个加入平台者自己去创造。至于约束机制，平台事先会要求每一个加盟者首先要认同公司文化，并熟练掌握运营考评机制及服务标准，随后，按照标准去做跟随（见图1）。

其实，已经有很多行业都在用平台的思维运营，比如律师领域的合伙人制、淘宝平台的商户制、保险公司的代理人制等，甚至传统企业海尔近几年也在实行搭建平台鼓励内部员工创业的制度。“全球最大的出租车公司Uber（优步）没有一辆自己的出租车；全球最热门的媒体所有者Facebook（脸书）没有一个内容制作人；全球市值最高的零售商阿里巴巴没有一件商品库存；全球最大的住宿服务提供商Airbnb（爱彼迎）没有任何房产；全国前三大酒店业OTA(在线旅行社）没有一间客房”。这段近年来广为流传的话已经清晰地展示出了未来市场及人力资源业态的格局。

不过，这种新的商业模式也逐渐暴露出了其在管理上的短板，平台“用户”与企业之间不再是简单的依附与绝对服从的关系，管控困难、忠诚度低等严重问题，给平台企业造成很多的困扰。

共享型人力资源运营模式探索

虽然未来组织的演变趋势难以预测，但未来组织最重要的功能已经越来越显著，那就是赋能，而不再是以往组织所重视的管理或单一目标的激励。

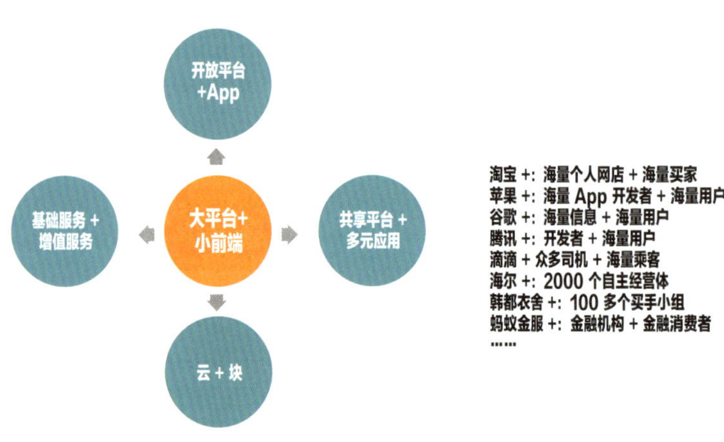

图1 平台+个人：越来越普遍的组织方式

平台型企业的优势在于，依靠平台优势吸引各类人才在平台化的企业中发挥专长，靠这种黏性聚集大量有创业激情的年轻人和有自助生存能力的职场人，让这些平台化组织不断注入新的活力，平台型企业因此有了低成本运营人力资源的资本。同时，平台型企业也面临着人力资源管理模式的挑战。

相较于传统企业共享型人力资源的特殊性在于他们既是员工又是客户，带着企业的“工作证”为消费者提供产品或服务，与企业之间更多的是契约关系而非单纯的雇佣关系，他们具有自由工作时间和工作地点，管理者的监管工作难以实施。像一个个细胞一样不规则分布着不同性格与目标的个体，让这些个体遵循一个规则，就首先要考虑掌控这些个体的共性与需求。再把这些不同的个体放进组织和环境中，这确实是很难的一件事。这需要平台管理者在制定规则之前，就要做些更细节的准备工作。防患于未然，让平台减少出现类似滴滴司机那样的心理异常状态下产生的人为事故。在这些几乎无成本人力资源运营过程中，转化人力资源部的工作职能变为平台的资源维护功能。结合我多年的管理运营经历，平台型企业可以从以下几个方面去尝试。

1. 招募初期，借助科学的心理工具，协助自己做初步的筛选把控

如果“共享单车”的出现是一场对人性的考量的话，那平台型企业运营则是对管理者和非雇佣契约者的双

重考量。管理者考量的是管控能力，契约方则需要考量人性背后的规则遵守程度、个体心理健康程度。

尽管绝大多数人都能够按照一定的市场规则与平台共赢，但是，人性的特点依然是维持平衡最重要的难点。谁也不能保证依靠面试或者资料就能知晓人性。要知道，人性既有与生俱来的部分，也有后天形成的部分。人性中先天的部分还是非常重要的。所以，如果期望招募到的雇佣者心理健康度相对比较高的话，不妨在用人初期就加入一定的心理测试环节，如在招募之初可以考虑使用科学的心理量表对目标雇佣者进行个体兴趣、人格等维度的心理测试，协助自己做初步的筛选把控，从而能一定程度地避免因“人性”问题而出现后续的一系列管理问题。

比如我在帮助企业做人员筛选的时候，会借助自己研发的三套量表，分别对员工的知、情、意进行测量（认知和观念、情绪情况、意志品质）。如果发现知、情、意过于不协调的员工，会再结合背景资料协调岗位安排。

2. 管理运营，用技术手段 + 利益捆绑

信息化的技术手段，是提高管理水平的重要工具。对于平台型企业的人力资源管理者来说，制定流程和规则固然重要，但是平稳的贯彻执行更重要。而这种技术管控手段，除了IT（信息技术）系统，更多的还是利益捆绑规则。

正因为上文所提到的人性因素，加上平台型企业人力资源区别于雇佣制员工的特殊性，在对非雇佣制人员的管理上，一定要制定明确的利益规则来维系平台与非雇佣关系双方的合作稳固性。这一规则并不要求像法律条文那样严谨，甚至可以根据实际发生的情况适时修改，但这一规则必须要有，而规则的建立甚至应来自平台各方的参与者，不断改进，不断升级。既要顺应企业发展，也要顺应人性的自利和自由。

还可以借鉴计算机程序，设立行为监管机制。比如，类似于借助Hadoop（海杜普）技术对“雇佣者”相关数据进行分析，又比如，可以按照年龄段的心理发展特点、地域文化特点、背景、行为倾向、心理健康情况等进行自助量化分析，以减少意外事件发生的概率，保障平台的人力资源健康运营（见图2）。

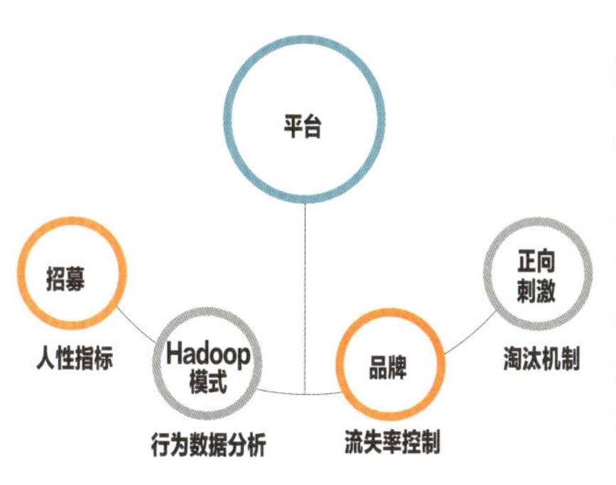

图2 管控体系建立

3. 信用积分制

目前，市场上一些销售型企业很是推崇积分制管理，在我们对平台型企业人力资源的管理中，不妨借鉴这种模式中积极的一部分，为平台有雇佣或者合作关系的个人采用“信用积分管理”。

当然，这套信用积分模式，可以是平台管理者依据平台业务运营需要，结合利益捆绑而制定出来的一套监控标准。因为产品有差异，所以信用积分制可以根据自己的产品有所变化。

此外，过硬的品牌，既是人员招募的优势，也是平台运营的支撑，更是不断增加非雇佣制员工对平台的信任和黏性，减少其流失率的运营保障。平台品牌足够好，才能够极大提升平台的差异化竞争能力、资源整合能力、用户沟通能力和社会影响力。这些，都能为平台型企业的人力资源运营护航。

总之，平台型企业的人力资源管理是一种全新的、显著的组织景观，大有成为社会的主流趋势之态。这远比传统意义的企业人力资源管理有趣，当然挑战大于趣味。这也对我们管理者提出了更高的要求，既要适应市场，又要洞察人性特点，更要学会运用心理学的理论、方法和工具，结合新的社会和商业环境下人的心理诉求，运营和管理与自己业态相匹配的人力资源管控体系，为企业降低风险，提升绩效，达成战略。

可谓是任重而道远的一个挑战！

Case Analysis
4 案例解析

从三个内部项目化案例看 HR 管理的平台化转型

THE PLATFORM TRANSFORMATION OF HR MANAGEMENT IS SEEN FROM THREE INTERNAL PROJECT-ORIENTED CASES

要么维持，要么变革？
真的只有这两条路吗？

郑春国 | 高级人力资源管理师，AACTP 行动学习促动师
石华芬 | 宁波福尔达智能科技有限公司人力资源部经理

如今，人力资源“三支柱”已经在国内得到认可并逐渐推行，但与此同时，相当多的企业 HR 碰到了以下三大难题。

难题 1 企业没有真正理解“三支柱”，只是为了追赶管理潮流。

难题 2 “三支柱”实则是一个相对均衡的体系，过于偏重其中任何一个支柱的落地，本质上都与三支柱的理念背道而驰。

难题 3 缺乏实施“三支柱”的能力基础。

由此，中小企业的 HR 因为公司资源或发展阶段的限制，不可避免地陷入了一个困境：一方面，六大模块被孤立多年，已经无法有效统合为一个整体为企业发展助力，只能满足基本的人事管理服务；另一方面，新潮的“三支柱”又缺少对应的技能去支持，尤其是很多公司根本就不关注 SSC（共享服务中心）的建设。维持现状或大胆变革？真的只有这两条路吗？

其实，不妨尝试采用第三种方式解决当前困境——人力资源平台化组织。本文中，我们将结合近期实施的三个案例，从业务部门的需求分析出发，探索人力资源部向人力资源平台化组织转变的路径。

工作场景再现

案例1：

HRBP（人力资源业务合作伙伴）反馈称，
某新设立部门的员工工作积极性不高，
对公司下发的绩效考核指标不满意，
同时部门内部员工流失率呈上升趋势，
HRBP与业务部门负责人沟通了数次，
后者希望做一次培训，
让大家更关注目标的达成。

- **需求：聚焦目标达成的一场培训，最好是心态引导类的培训**
- **时间：以周末为宜，尽快找到合作供应商**
- **人数：部门全员（目前 23 人，届时或将减少）**

成果：

结合业务定位，重新定义了部门职能，梳理出部门考核的关键指标，获得部门员工“点赞”。目前，该部门正在按照新考核指标落实工作。

接到此需求后，培训管理部门并没有立即行动，而是与业务部门负责人进行了第二轮沟通，从而更进一步确认主题。其中，重点就以下 3 个问题展开讨论。

1. 部门的业务定位是什么?
2. 考核指标和业务定位的关联性是怎样的?
3. 现有团队是按何种职能定位引入的?

沟通后我们发现，上述问题的根源在于，部门的业务定位和公司下发的考核指标出现了冲突，也就是我们在“用旧指标管理新业务”。为了更好地推动组织绩效的实施，培训管理部门继续为培训项目做了前期策划和设计。

1. 确定培训主题：战略落地研讨。
2. 设定培训重点：业务定位解读、业务战略分解、业务指标确认。
3. 明确培训形式：内训，类似战略分解会议的形式（由培训管理部门承担培训的整体引导工作，战略绩效管理部门承担绩效目标确认工作）。
4. 设置培训时间：考虑到当前内部沟通的氛围，培训时间确定在周三至周五，不占用学员休息时间。

案例2：

A事业部的研发团队在招聘标准上一直缺乏明确要求，
处于“只要有相关经验，
一律先招进来再说”的状态，
年度员工流失率超过20%，
新进员工保留率仅为30%，
直接导致员工保留成本居高不下。
初步沟通访谈的结果显示，
工作压力大致使员工工作量饱和，
新入职员工难以承受。
团队期待人力资源部门给予建议与帮助。

成果：

形成组织诊断报告，指导业务部门形成内部落地实施计划，由HR团队提供协助并进行监控。

- 需求：找到新员工流失率高的原因，并提出解决措施
- 时间：空出 3 个工作日，供人力资源部进行相关调研
- 形式：流失率调研访谈 + 座谈（实为组织诊断）
- 对象：研发部门负责人 +A 事业部总监

经过人力资源部与研发部门负责人的两轮沟通，原因总结为以下两点。

❶ 研发部业务发展太快，内部人员数量无法满足研发需求；

❷ 团队成员能力不足，难以支撑业务。

基于此，人力资源部认为，这不是单一的招聘或培训问题，有可能涉及整个事业部的研发体系架构设置，拟采用“六盒（Box）模型”对研发部进行专门诊断（见图 1）。

诊断问题包括以下几点。

❶ 管理过于依赖上级权力和集体驱动，未与内

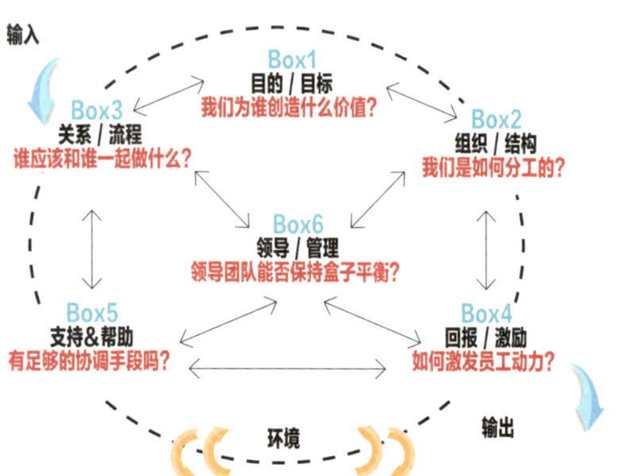

图1 采用“六盒模型”对研发部门进行诊断

部人员实际状态相结合，导致实际工作中职能界定缺失，流程之间无法有效衔接。

❷ 部门业务发展过快，在组织知识的管理上缺位，导致每个新员工入职都要完全“从新开始”，且无法快速适应环境，入职体验差，选择离职的概率加大。

❸ 由于长期业务项目导向，部门在内部资源建设方面缺失，岗位设置和衡量标准均未在实践中沉淀，导致激励失衡，员工无法获得成就感，整个管理团队处于“救火”状态，团队成员青黄不接，只能通过不断增加工作时间来弥补。

人力资源部尝试从管理授权和知识沉淀两方面入手解决当前员工流失率高的问题。

❶ 管理授权：让整个研发管理团队真正担起责任，他们要做的不仅是完成项目，更要完成内部管理。过程中可以通过授权，让不同团队厘清内部管理，建立起更有效的业务运作机制。

❷ 知识沉淀：让研发团队尝试进行内部流程建设和研发知识 SOP（标准作业程序），在团队内部形成知识分享和沉淀氛围，解决体系建设和人员交替问题，建立起有效的知识管理机制，减少知识流失。

案例3：

B公司研发部部长提出，
希望能尽快解决人员招聘难的问题。
该研发部目前人员流失率高，
“只出不进”，某业务板块甚至面临第二次全员流失的风险。困境已持续3年，
内部虽然进行了多次研讨，
但暂无有效解决措施。

- **需求：找到研发人员“只出不进”，尤其是新员工流失率高的原因，并提出解决措施**
- **时间：为便于沟通，时间定在某周周一至周三**
- **形式：组织诊断**
- **对象：B 公司研发部负责人 +B 公司总经理**

成果：

形成组织诊断报告，协助B公司HR团队明确工作重点，让业务团队认识到问题的根本症结。

与 B 公司 HRBP 团队确认问题后，我们得到这样的反馈。

1. 根据公司战略定位，研发团队成员一直是招聘重点。
2. 某业务板块研发团队仅剩 3 位员工，2 位提出离职，称工作压力大，希望休息。
3. 目前，研发部是由数个不同方向的研发部门整合而成，可能存在整合方面的问题。

于是，人力资源部决定采用“六盒模型”对研发部进行整体诊断，重点关注团队变动的根因了解——因为类似变动已多次产生，单纯提供保留措施，作用不足。

1. 管理偏移：团队对资源整合的关注不足。
2. 组织引导：个人驱动与组织要求存在差异。
3. 目标驱动：组织目标与问题导向不一致。

结合当前分公司转型需要，我们建议 B 公司研发部从 3 个方面拟订改进计划。

1. 项目经理责任制：明确项目经理责任，提升项目管理水平，真正让经理具备权限，而非单一的“资源调动”。否则最后仍然是依赖行政权力，而非项目经理本身对项目的定位及个人在资源调配方面的影响力。
2. 知识管理落地：目前研发部已经在进行内部知识的积累，但还要进一步将积累转化为更加主动地应用，提升内部团队成员能力，吸引并保留新入职员工。
3. 关键人才招聘：虽然整个公司项目逐步走向集约化，但各专业如何定位并发挥作用，仍然是研发团队需要关注的目标。除了流失严重的某业务板块外，单看人员数量并不特别紧缺，但以储备干部为主，能够独立开发和技术攻关的人员不足，所以对以下关键岗位需加大招聘力度：

a. 能够技术攻关突破的资深开发人员

b. 研发部副部长（负责内部资源协调和研发运营）

c. 某业务板块技术专家（尽快重新搭建并整合团队）

工作场景复盘

上述 3 个案例在每个公司都能找到类似情形。它们的表征看似相同，但我们并未“头痛医头”，而是采用了中医的“全面诊断”方法，也就是通过“问诊”来全面了解诊断对象的问题根因，给出解决方案。

在处理 3 个案例的过程中，有一个问题让业务部门的 HR 很困惑：HR 到底在其中承担了怎样的角色？我们认为，必须从业务部门的需求开始思考。

（1）业务部门需要什么？

在战略既定的情况下，业务部门需要数量和质量均符合要求的人员来完成任务——人力资源任何一个模块的工作都不可缺失。

（2）业务部门负责人需要什么？

他们需要完成任务，最好能超出预期，以获得上级认可——有效激励（自我驱动）的工具 / 方法、员工和自我技能（能力）的提升。

（3）业务部门负责人实际的需求是什么？

能否让流程快点，某人着急上岗；马上有新业务，技能培训什么时候开始……

（4）人力资源部门提供了什么？

通常，人力资源部门提供的是“急用先行”的解决措施，针对的是当下问题，且该问题似乎也是业务部门关注的，但效果往往“吃力不讨好”。

综上，我们的结论是，无论是传统的六大模块，还是流行的“三支柱”，只是将工作的具体职能进行了分解组合，没有从根本上解决人力资源职能行政化的问题。

借助“人力资源平台化”突破困境

15%

布赖恩·罗伯逊（Brian Robertson）在《重新定义管理》（*Holacracy*）中提到一个结论：城市规模每扩大一倍，人均创新能力或生产力提升 15%。然而，企业员工的创新能力或生产力却是随着企业规模增大而降低的。

原因在于，传统企业的组织管理期望将雇员的每个动作都标准化。但随着企业规模逐步扩大，需要约束的情况会更加多样和复杂，管控只会变得越来越多，因此员工不得不耗费相当大的精力去应对这些管控，更别说这些管控会导致各种影响创新的要素，例如不信任感、不安全感和不幸福感等。这时，管理者不得不陷入具体业务的处理中，对重要资源的应用仅限于“救火”，而对长期问题的思考则用“运动 / 专项”来代替。

因此，他们希望有一种工具可以让他们既能解决当前问题，又能避免同类问题再次发生，从而脱离这个“沼泽”。落差由此出现——大部分人力资源管理者提供的，往往是某个具体问题的解决建议，乃至空洞的说教，他们根本不知道该为业务部门管理者提供什么。

于是我们发现，当人力资源部作为一个整体来面对业务问题，而不是单一的人力资源从业人员时，问题往往相对容易解决。这引发了我们的思考：原先分模块的人力资源和现在的“三支柱”人力资源，必须要二选一吗？人力资源部应该采用怎样的形式为业务部门提供价值服务？

第一个问题其实很容易回答——无论是何种人力资源模式，适合就好，没有最好。那么，为什么还有这么多企业着急转型呢？根本原因在于，业务部门需要的是一揽子人力资源解决方案，而很多 HR 要么专业能力不足，要么存在模块壁垒，无法一次性解决问题。

发展）拥有对应的人力资源模块专家。

（3）如果把公司各部门都作为解决问题的资源，把人力资源部作为平台整合部门，采用人力资源项目经理制，就能在锻炼 HR 团队能力的同时，又能从根源上解决业务部门在人力资源管理中的问题，快速提升人力资源在内部的影响力。

基于以上分析，对于大部分企业的人力资源管理现状，我们要做的不是调整管理模式，而是资源整合，把手头的资源盘活，用项目制运作来打通六大模块，让人力资源部成为平台部门，调配资源而不是管控资源，从而实现与业务的共赢。而平台的价值就在于此——平台上的每个个体与团队，都可以根据自己所面临的情况，在不违反平台规则的前提下，最大限度地灵活、自主选择策略。

具体而言，人力资源平台打造可以分解为 4 个步骤，如图 2 所示。

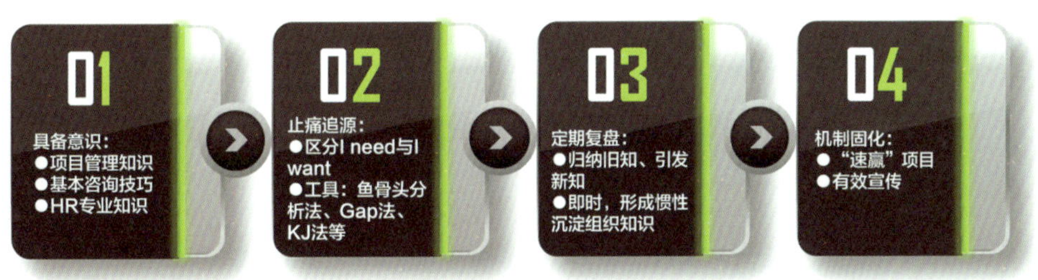

图2 人力资源平台化四步骤

在上述 3 个案例中，我们都采用了项目制的运作形式，将人力资源部门和业务部门的所有人员作为资源，人力资源部作为资源整合平台，利用“短期聚焦 + 长期改进 + 过程跟进”，圆满解决问题——这就是“人力资源平台化”。其必要性体现在以下几点。

（1）解决业务问题必须兼顾短期与长期，否则只会掩盖真实的问题；在大部分企业，改良的作用远高于改革的作用。

（2）人力资源不能盲目创新，任何一个工具的应用都是有前提条件的，不能忽视工具实施可能带来的问题。例如人力资源“三支柱”，就需要 BP 具备人力资源通识、SSC 拥有相对完整的人事流程机制和在线平台、OD（组织

（1）具备意识。

想要用项目驱动平台，人力资源团队首先要了解基本的项目管理知识和流程，并且能尝试从项目管理角度去实现现有工作的运营。为了达成这个目的，人力资源团队需要学习项目管理，建立人力资源项目管理制度。

在具体的实施中，可以尝试按照如下步骤掌握相应的项目管理运作技巧：请研发项目管理同事分享→内部购买书籍自修→制订一个项目实施计划→请研发项目管理同事做修改座谈→由研发项目管理同事辅导实施→实施流程复盘。考虑大部分企业的研发部门在工作实施中均有对应的项目管理机制，笔者建议在适用性和成本两个方面的步骤可供参照。

○ 资源：项目管理知识、人力资源基础知识模块、基本咨询技巧。

○ 形式：项目经理制。

○ 机制：在保证基本人力资源服务的前提下，以项目驱动内部人力资源工作，提升人力资源管理水平。

（2）止痛追源。

收到或发现业务问题后，在思考当前问题的同时，本着杜绝类似问题再次出现的原则，与业务部门深入探讨，成立项目组，共同解决问题。从具体实施的角度来看，当我们在面对业务问题的时候，需要明确区分这个问题是“I want”还是“I need”，即业务部门反馈的问题由于即时性和突发性，往往是表象问题或者是经过修饰的问题，并不是导致不良结果出现的根本问题。基于此，建议从问题的本源入手进行分析，这里从问题分析工具应用难易的角度推荐：鱼骨图分析法、Gap 法、KJ 法、丰田问题解决法等。（具体工具应用步骤可百度或购买相关书籍学习）。当 HR 能尝试用专业工具协助业务部门负责人进行问题分析，找到问题源点时，在加深 HR 对业务了解的同时，也能因为工作的专业性增强 HR 在业务部门的影响力。

○ 痛点：互相不了解对方的工作。

○ 燃点：协同作战，以“解决问题”为共同目标。

○ 引爆点：逐步消除类似问题。

（3）定期复盘。

管理问题或业务问题很多时候只是表现形式不同，本质其实是一致的。通过定期复盘，可以将单一方案演变为组织智慧，沉淀为组织知识，在解决原有问题的同时，减少类似问题的重复发生。

笔者在近 10 年的人力资源工作中发现，大部分企业的人力资源问题，实质是某些同类问题的不断出现和累积，如果在问题的一开始，就尝试着将问题纳入规则管理，企业运营就会逐步进入良性循环状态。企业人力资源管理的本质是“激活人效，让平凡的人创造卓越绩效”，在结合外部经典范例的基础上探索适合本企业管理的运行机制，目前的华为、阿里、京东等企业均如此，而复盘作为一个经典的企业知识沉淀工具，在这些企业得到了有效应用，关键在于复盘的“归纳旧知，引发新知”的价值（复盘的具体操作，可参考陈中著《复盘》一书）。

（4）机制固化。

人力资源部门的转型，重点在于通过“速赢”项目，快速在内部形成人力资源的专业影响力，而不是职能压制，让业务部门愿意与人力资源部共同解决管理中遇到的“人”的问题，同时通过适当地宣传和制度化，完成转型。这里需要注意的是，适当地宣传是人力资源提升专业影响力的有效手段，毕竟“酒香也怕巷子深”，而具体的宣传方式可以根据每个公司的内部条件来制订（见图 3）。

回顾目标

当初行动的意图或目的是什么？
想要达到的目标是什么？
预先制订的计划是什么？
事先设想要发生的事情是什么？

评估结果

实际发生了什么事？
在什么情况下？
是怎么发生的？

分析原因

实际情况与预期有无差异？
如果有，为什么会发生这些差异？
哪些因素导致我们没有达到预期目标？
失败的根本原因是什么？

总结经验

我们从过程中学到了什么新东西？
如果有人要进行同样的行动，我会给他什么建议？
接下来我们该做什么？
哪些是我们可直接行动的？
哪些是其他层级才能处理的？
是否要向上呈报？

图3　如果没有成功关键因素是什么

我们在尝试“人力资源平台化”运作的过程中，发现人力资源部的专业化是对 HR 的最大挑战。目前的大趋势要求我们去了解业务，但实际上我们要明白一个前提——HR 对业务的了解永远不及业务人员。当业务部门将问题反馈给我们时，实际上是需要我们协助用专业方案去解决问题；而过于强调对业务的了解，反而容易越俎代庖，同时也失去了对业务部门管理者赋能的机会。

综上，在 VUCA（不稳定、不确定、复杂、模糊）时代，采用“人力资源平台化”，用项目驱动人力资源管理，不失为一个“敏捷”的、与“问题解决”同步进行的有效人力资源转型方案。

谢佛观 | 大型集团公司分公司人资经理，人力资源二级

共享经济下人力资源管理模式的创新
——以嘉奇公司为例

当下以网约车为代表的共享经济正在渗透和影响着我们的生活。一种新型正向经济模式的诞生势必会推动企业经营和管理方式的变革，而企业实践层面的不断探索与创新，又会更加丰富和完善这种新的经济模式。本文的嘉奇公司即是在共享经济环境下，充分挖掘共享的外溢价值，对企业人力资源管理设计及运营进行了一次有创新意义的典型案例。

嘉奇公司在当地是一家文化创意公司，主业务为儿童手工 DIY（自己动手做）的原型设计及终端制作。公司基石创始人为胡女士及其丈夫。两人均为设计专业毕业后在广告公司设计部任职。2016 年，两人凭借敏锐的商业嗅觉，投资成立了嘉奇文化创意公司。名为公司，其实体就一个店铺，提供各种文化创意玩偶模型。与其他文创公司不同的是店内所有玩偶造型除了可以花钱购买外，也可以在胡女士夫妻的指导下自行在店内 DIY，然后将成品带回家。公司走的 DIY 路线满足了大部分人内心自己动手也可以制作精美萌宠的喜悦感和成就感，因而开业初期生意非常火爆。

嘉奇公司又设计了零售和会员制两种盈利路径，具有了充裕的现金流。于是，胡女士决定启动加盟制、开分店。随之问题就暴露出来了。

人才供应链断层

初期，胡女士决定采用垂直集中管理制，所开的分店统一向总部汇报。这样的优势在于可以统一管理标准，把控管理的强度和深度。但这也无形中加大了总部的管理强度。由于辅导孩子 DIY 的工作时间上比较弹性，好多店员采用了兼职招聘的方式，但这无疑对社会人才的鉴别与准入、弹性人员的绩效管理、高流动性岗位人才如何保留与激励等提出了挑战。嘉奇公司一度因为店员缺失，人才得不到有效供给而被迫关店。

人才供应链的断层还体现在公司核心业务人员的流失。嘉奇公司之前的研发部共有 3 个人，均毕业于设计专业。人力部会同研发部制订了每周新设计量的考核指标。公司刚成立时该指标还可以完成，但随着市场同质化竞争以及自身资源枯竭瓶颈期的到来，人力部在考核指标的设置上遇到了阻力和挑战。这一问题是非常致命的。

外围平行同行公司与上游供应商双面夹击

与此同时，嘉奇公司的火爆业绩让在岸上观战的同行纷纷进入准备分抢一杯羹。DIY 制作行业准入门槛较低，一般零基础的新人只要培训一个月，把店内的各种已有模型都学一遍，就基本可以辅导小朋友制作了，而原材料可以在淘宝上直接购买，很容易获得。这使得嘉奇公司几乎一夜之间有了多家同量级的竞争对手，上游供应商又趁机坐地起价，对嘉奇公司形成极大的压力。人力资源部此时遭到公司各部门的质疑，无力可施。

无奈之下，胡女士找来了咨询公司。咨询公司在了解了行业及公司的具体状况后给出了以下建议。

打造圈内共享人才流动平台，共享创意流量

面对市场和人才充分竞争的行业情况，采用人才闭环绝不是一个可取的办法。嘉奇公司能够意识到这一点并愿意招聘兼职人员，是一个明智的选择，但因为是兼职人员，招聘的入口就显得过于繁杂。咨询公司建议胡女士建立一个圈内共享人才流动平台。这个平台集选拔与入职、培训与提升、考核与激励等功能于一体，并将权限完全开放出去，做到人才共享，平台共享。鉴于嘉奇公司本身在行业内是领头羊，因而可以利用这一优势率先完成平台的构建，领先完成诸如人才筛选、晋升规范、业绩提成等关键领域标准的制定。

这一平台的建立，一方面，等同于建立了嘉奇公司的“人才池”，可以源源不断地为嘉奇公司输送合规的人才，以避免人员随意性流动带来的人才供给不良。

另一方面，共享人才流动平台除面向基层一线店员外，还向创意设计类人才敞开共享。针对之前设计人员少、创意灵感局限的问题，咨询公司提议将设计项目打包开放在共享平台上。设计项目可以是完整的落地成品，也可以是创意概念图。公司内部再成立评估小组，按贡献价值给付设计创意报酬。

人力资源部通过共享平台向外界借力，
通过共享这一杠杆可以放大单纯依靠自身运作所创造的价值。
在这里，人力资源部需要扮演好督导、教练以及伙伴的角色，规范平台秩序，
关注平台情绪，及时提供支持与反馈。
在共享经济下，
人力资源面对的是公司资源扩大化后的社会能量，
因而对人力资源从业者素质提出了更高的要求。

打破行业壁垒，“360度+1创意源”助力“三支柱”

共享经济的本质是共同分享核心价值以使原有价值扩大化。当下是一个万众创业、万众创新的时代，这样的氛围可以让共享经济走得更远。个体破局思维和体制在桎梏后迸发出来的是新时代下百花齐放的大格局。“互联网 + 共享经济”这种网状化的组织结构让每一个人在互联网上成为各自的信息资源发射点，它缩短了时间与空间的距离，直达目的地。因此，作为企业，要勇于冲破边界，把行业内的、行业外的一切有利于自身发展的优势资源调动起来实现跨行业合作，同行间竞合互惠下共同推动行业乃至产业的升级。就嘉奇公司而言，经营者要有这样的胸怀和眼光，要能够展开双臂拥抱全新的理念和不同意见的碰撞，从而真正实现企业关键能力的颠覆。

文创行业，至关重要的就是创意，这是这类企业生存和活力的动能。咨询公司给出的方案为“360 度 +1 创意源”。“360 度”，顾名思义就是以公司为原点，以最强关系为半径的客户、供应商、采购商、合作商、关联方等形成第一中心圆；以次强关系为半径的客户、供应商、采购商、合作商、关联方等形成第二中心圆；以弱关系为半径的客户、供应商、采购商、合作商、关联方等形成第三中心圆。这三个圆拉成一个网状结构图，图中任一节点均可向核心点发出信号。“+1 创意源”，是为了强调挖掘一切可以挖掘的渠道，在三个中心圆之外必定尚有处女地有待开掘，可以说将共享的理念推到了极致。

在“360 度 +1 创意源”的结构下，人力资源的“三支柱”围绕每个支柱都可以展开自身的三个中心圆。从专家中心出发，可以通过汲取三个中心圆网状结构发射和反馈的有效信息，对公司业务战略、人力规划、制度流程进行高效精准化设计；从 BP（商业计划书）出发，需强化与三个中心圆之间关系互动的深度与广度，第一时间感知前沿信息并及时做好沟通支持；从 SSC（共享服务中心）出发，进一步提高三个中心圆相关联工作流的标准化、精确化和即时化，提高三个中心圆的满意度和服务质量。

共享经济下的轻组织架构

嘉奇公司的业务形态、资本结构、以及策略决定了它必须轻装上阵，实施二轮驱动下的集中与民主，即财务和人力为主要抓手，运营下沉至各分店。分店拥有自主的管理权限和运作方式，分店的财务和人力向总部汇报。作为总部，管理好“两进两出”——钱的进出和人的进出就可以了。这里需要依靠共享平台以及“360 度 +1 创意源”制订合适的游戏规则以及开放的人才进口端，通过在二轮驱动下的集中，激活各分店及平台资源的能量，给予空间和时间，持续发挥各自活力，以实现网状结构下个体源的民主参与，进而推动公司整体的提升与发展。

小结

嘉奇公司只是当前共享经济下的一个小小案例，但从一个既定的行业既定的公司的兴衰运作，我们能够窥探到共享经济的一些特性。巧妙地运用这些特性来探索、设计人力资源的创新模式，使企业能与共享经济牵手共舞，这是未来人力资源发展的一个走向。

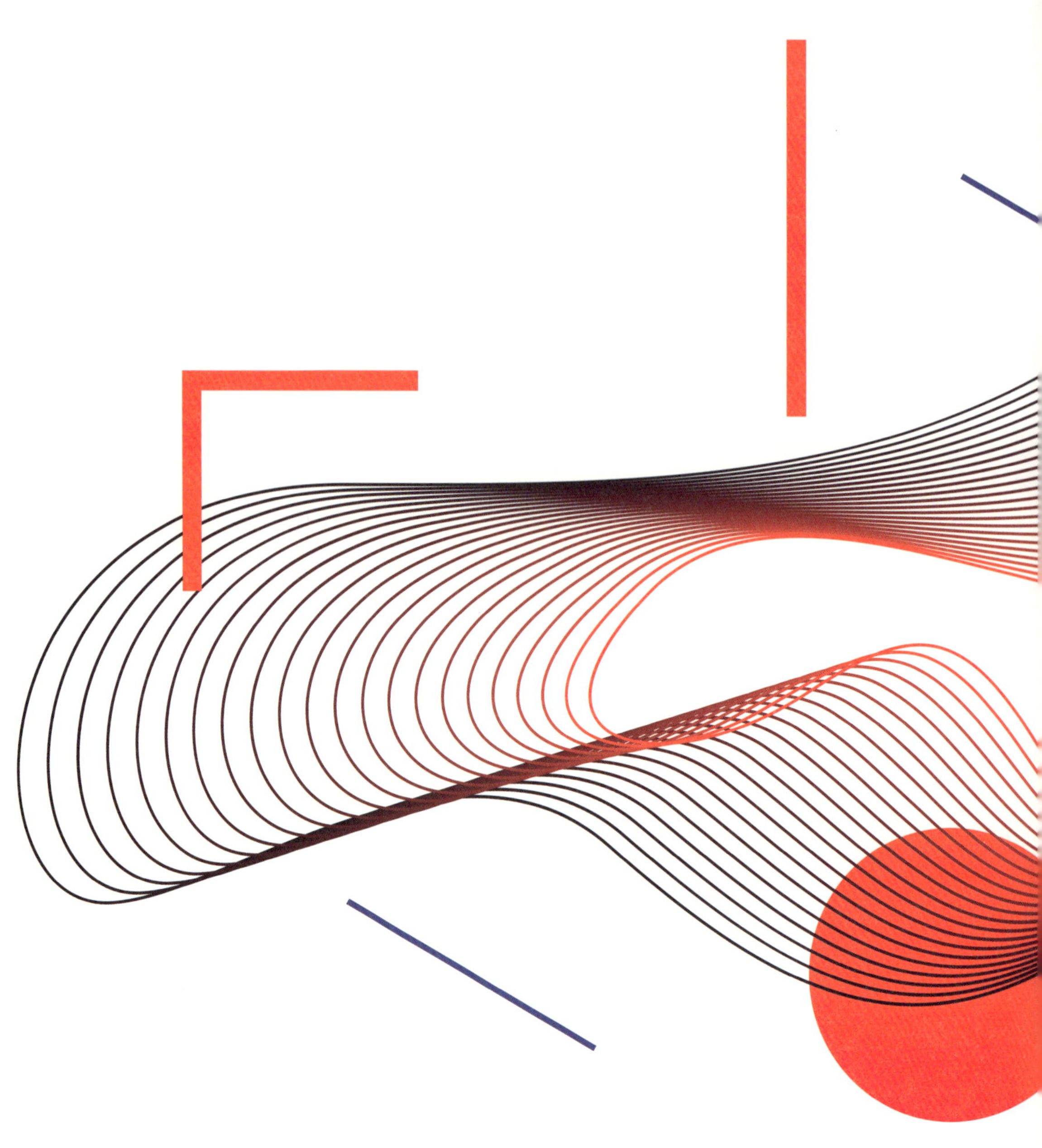

Management Consultancy

5 管理咨询

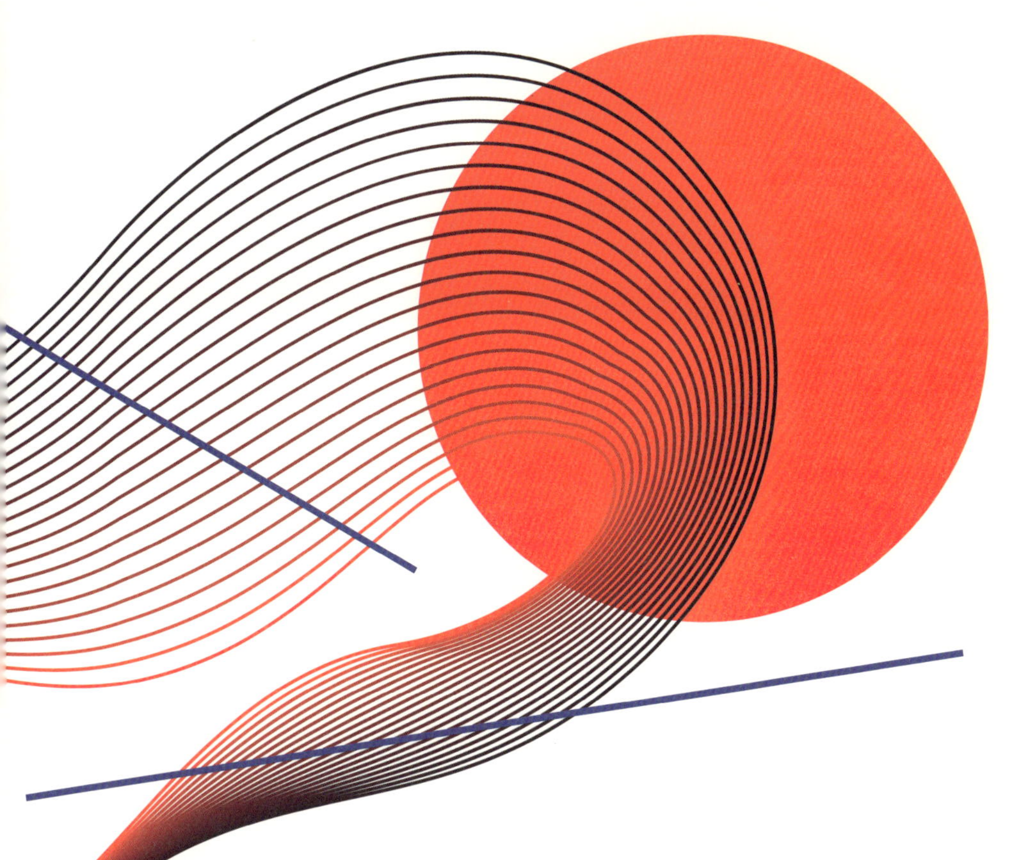

成长型民企怎样与管理咨询机构约会

HOW DO GROWING PRIVATE ENTERPRISES DATE MANAGEMENT CONSULTANTS?

管理咨询机构和企业之间，
似乎总有一种"相爱相杀"的情愫，
尤其是对于成长期的民营企业（以下简称"民企"），
既渴望热烈的拥抱，
又害怕选错了对象导致"人财两空"。

高伟 | 西安智睿思信企业管理咨询有限公司合伙人，西北大学经济学硕士，国际注册管理咨询师（CMC），曾任延安大学管理学院专职教师

那么，如果把成长型民企与管理咨询机构的结合看作一次“恋爱”，双方的第一次约会，会发生在怎样的背景下？会有什么样的约会场景？取得什么样的约会效果呢？

对这些问题的解读和探讨，值得尚未与管理咨询公司有过“约会之旅”的企业借鉴。

理咨询机构和企业之间，似乎总有一种“相爱相杀”的情愫，尤其是对于成长期的民营企业（以下简称“民企”），既渴望热烈的拥抱，又害怕选错了对象导致“人财两空”。笔者从高校教职辞职进入管理咨询行业的八年多时间里，做了几十个管理咨询项目，其中半数以上的客户是成长型民企，亲身经历了这些企业出于某种考虑，突破性地选择第三方管理咨询机构来帮助其进行管理提升的过程，其间也发生了很多有意思的事情。

约会背景分析

成长型民企为什么不再按照传统的套路，由公司管理人员在公司发展过程中自行探索、研究公司管理提升问题，而是要花钱找第三方管理咨询公司呢？在刚入行时，我自己也很困惑，毕竟咨询费用动辄几十万元甚至上百万元，而这笔钱其实可以做很多事情，比如给员工发奖金、改善办公环境等。后来随着咨询经历的增加，我对这个问题的认知也逐渐改变了。因为每次做项目时换位思考，站在客户的经营者立场看问题，就发现不是公司经营者花钱任性、不差钱，而是公司的问题已经严重到刻不容缓，而单纯依靠内部力量解决不仅结果没保证且成本更高。

因此，成长型民企愿意花钱找第三方管理咨询公司帮助其开展管理提升工作，主要是由于以下三方面原因。

1. 成长型民企提升管理水平的需求日益迫切

企业从创业阶段到成长期中前段，基本没有什么管理，就是全力做业务，向市场要效益，解决生存问题。但是到成长期中后段后，企业规模、业务量都达到一定体量，这时候一味抓业务就容易出问题，因为公司人员多了、并行业务量大了、内部管理复杂了，企业经营者开始无奈地发现，很多业务能抢到却不敢抢，因为这些业务介于盈亏之间，做好了能赚钱、做不好就要亏钱，而由于上述问题导致企业内部工作效率明显下滑，赔钱的概率越来越大。因此，成长型民企发展到这个阶段，就要从“向市场要效益”转变为“向管理要效益”；影响企业盈利的不再是能否接到业务，而是能否高效完成业务，要提高员工工作效率，就必须开始系统开展管理提升工作，不能再依靠经营者自身的个人经验进行管理。

2. “闭门造车”式提升管理水平太耗时且间接成本居高不下

提升企业管理水平主要有如下几种途径：第一，依靠企业现有人员，摸着石头过河，慢慢摸索如何提升管理水平；第二，高薪聘请职业经理人并赋予较高职位、较大权限，由其凭借个人管理能力推动企业逐步提升管理水平；第三，借助第三方管理咨询公司的力量，协助企业现有管理人员开展管理提升工作。

第一种途径是大多数企业的首

选，但是经过一段时间的实践后无奈地发现，现代企业管理是个技术活，易学难精，大概了解一下聊聊天还可以，要动真格的那就差得太远了，企业内部员工都看不下去，结果就是由于管理无效导致企业交了一次又一次的数额不菲的学费，浪费了宝贵的缩短与竞争对手差距的时间，还是没效果，员工意见很大。

第二种途径也是很多有自知之明的企业优先考虑的途径，但是符合企业要求的职业经理人实在不好找、也不好用：企业老员工认为公司花冤枉钱请了个“水货”，不管用；而空降兵觉得很委屈，企业管理基础太差、时间太短、要求太多，他个人并非“全能型超级英雄”，很多问题他也无能为力，需要企业引进更多的专业人才等。在部分成长型民企中甚至出现企业元老与空降兵严重对立、内讧，直接导致企业业绩严重下滑等问题。

正是由于以上两条看似康庄大道的途径其实非常不好走，才逼迫部分成长型民企开始认真分析、研究借助第三方管理咨询机构的可行性。

3. 借助第三方管理咨询机构的做法越来越普及

管理咨询作为一种工作方式自古有之，即我国古代的“军师”“师爷”“参谋”等角色，也能发挥非常关键的作用。管理咨询作为一个行业最早出现在 19 世纪末的美国，距今已有 100 多年，目前世界五百强企业这类公认管理水平非常高的企业，大都长期跟管理咨询公司合作，借以不断提升自身管理水平以保证其竞争能力。我国的华为公司则是国内公认管理水平较高的公司，也是较善于借助管理咨询公司提升竞争力的公司，在其 30 余年的发展历程中，从 1996 年至今 20 余年都是在持续借助管理咨询公司的力量提升自身竞争力，这才造就了今日华为的荣耀、国人的荣耀。

国内管理咨询行业已经发展 30 余年，但是普通大众对其了解不多，近两年很多人都是通过电视剧《我的前半生》才对管理咨询顾问有了一个相对清晰的了解。但是根据行业统计数据及我个人从业经历，前十几年东南沿海大量中小企业就已经热衷于借助第三方管理咨询机构提升管理水平，他们主要聚焦于业务相关内容，比如生产现场 5S（整理、整顿、清扫、清洁、素养）、产线布局、质量控制体系、营销策划方案等。而我个人重点服务的西北五省区域，则是最近十年开始出现大量成长型民企的管理咨询需求，而且大多聚焦于组织、薪酬、绩效等方面。成长型民企管理人员对于管理咨询行业也越来越了解、合作也越来越频繁。

约会场景分析

多数成长型民企在经过慎重分析、研究并决定历史性的第一次“约会”管理咨询机构，做管理咨询项目时，由于对管理咨询了解有限，合作动机及对管理的认识有差异等原因，第一次约会的结果差异也很大，有的公司基本实现预定目标，尝到甜头后坚定了与管理咨询机构长期合作的信心；也有的公司合作过程曲折且结果不尽如人意，导致对第三方管理咨询机构产生很大的怀疑，再也不愿意尝试合作，宁可自己闭门造车、慢慢摸索。

为了系统分析背后的原因，通过研究成长型民企第一次做管理咨询时的合作动机，将合作过程中经常发生的典型场景划分为如下三种。

1. 动机类型一：公司经营者基于“战略眼光”，试图实现跨越式发展

（1）动机特点：

公司经营者见多识广，有明确的发展战略意图，要奋发图强而不是安于现状，但是公司内部中基层员工能力普遍相对滞后，无法理解并执行公司经营者的要求。

（2）场景分析：

① 经营者指着中基层员工对管理咨询顾问说：“你看下面的员工，就像是‘等风口的猪’，一个个安于现状、不思进取，没法跟他们谈事业、谈发展”。要求顾问要基于战略构想设计方案，若现有人员无法理解和执行就立马换人、绝不姑息。

② 中基层骨干则指着公司经营者对管理咨询顾问说：“你看老板，就像天上飞的鸟，整天云里来雾里去，不知道他在做什么、说什么，不能脚踏实地，公司迟早要出大问题。”

③ 项目组则艰难地寻找两者的共同点，推动两者观念逐步趋同。

2. 动机类型二：公司业务增长过快而管理严重滞后，急需解决尖锐的矛盾

（1）动机特点：

随着公司业务的快速增长，日益暴露出一些由于管理滞后而导致的问题，公司管理层都希望快速有效地解决问题，但对于问题背后的原因及解决方案意见不同，无法达成一致。

（2）场景分析：

① 公司最初提出的项目需求、签订的合同内容与项目组驻场诊断后得出的结论有较大偏差，存在调整项目内容及变更合同等问题。

② 公司内部不同部门的员工尤其是中高层管理人员，对于问题、责任及后期职权的调整分歧较大。

③ 项目组容易陷入公司内部职场政治斗争中，导致部分员工的极力反对甚至抵制。

3. 动机类型三：公司发展陷入困境，四处寻找突破口

（1）动机特点：

公司的业务、管理方面均有问题且相互纠缠，导致公司陷入发展困境，公司内部想尽各种办法都无法妥善解决，抱着试一试的态度求助第三方，期望能够尽快破局。

（2）场景分析：

① 公司管理层对项目组有非常高的期望值，期望项目组顾问是全能型专家，能够药到病除。

② 公司部分员工通过与项目组顾问争论具体业务问题及管理方面的特殊情况来验证顾问专家角色的“含金量”，一旦发觉达不到期望值就非常失望，对项目不抱希望。

③ 制订方案时公司决策层本着利益最大化的原则，要求方案全面、完善、先进，经常明显高出公司现有管理基础的支撑能力。

约会效果评估

根据成长型民企第一次做管理咨询项目的相关要素影响程度，选定如下四个约会效果影响因素：公司对管

理咨询项目的期望值、管理咨询需求的合理性、公司管理层的参与程度、双方合作的默契程度。

1. “动机类型一：公司经营者基于‘战略眼光’，试图跨越式发展”的约会效果评估

（1）影响因素分析。

① 公司对管理咨询项目的期望值：公司经营者对项目的期望值非常高，将项目组视为知音，每次沟通都会大谈战略宏图、发展构想等；而公司中基层员工则是谨慎的观望或怀疑，期望值不高、参与意愿不强。

② 管理咨询需求的合理性：根据以往项目经验，此类项目需求的合理性相对较差，主要原因在于公司经营者前期普遍过于自信，过于高估自己的决心。

③ 公司管理层的参与程度：公司高管的参与程度较深，愿意挤出时间参与研讨；而中基层管理人员则参与较少，对项目的信心普遍不足。

④ 双方合作的默契程度：经常性的“虎头蛇尾”，前期轰轰烈烈、非常默契，共同推动管理变革；后期分歧越拉越大，对项目未来预期差异导致默契度下降。

（2）效果评估结论。

管理基础较为薄弱的成长型民企，在没有做好充分准备的情况下，贸然启动这类管理咨询项目，成功推行的难度非常大，一旦失败，对公司的变革努力来说就是伤筋动骨，以后想再开展管理变革会越发困难。因此，建议公司经营者谨记“战略上藐视敌人、战术上重视敌人”的原则，经营者的战略构想，需要在公司内部培育更多的志同道合者才能有效推进，应在管理咨询顾问的帮助下，战略上系统规划发展路径，战术上稳步强化管理基础、培养骨干人才，千万不能急，不能搞“大跃进”。

2. “动机类型二：公司业务增长过快而管理严重滞后，急需解决尖锐的矛盾”的约会效果评估

（1）影响因素分析。

① 公司对管理咨询项目的期望值：公司管理层普遍对管理的认知相对有限，因此对项目的期望值相对较低，更多考虑的是性价比，多数情况下表现为希望花更少的钱做更多的内容，至于管理变革实际效果选择性地忽略。

② 管理咨询需求的合理性：根据以往项目经验，此类项目需求的合理性多数存在较大问题，公司关注的大都是矛盾激化的问题表象，而非背后的原因，也不愿意大动干戈，导致方案解决问题的效果往往大打折扣，甚至会流于形式。

③ 公司管理层的参与程度：公司管理层普遍参与意愿不强，甚至认为“公司既然花钱请第三方来，那第三方就应该直接拿出完整有效方案，不用我们过多参与”；还有一种特殊情况则是部分领导试图通过影响方案内容来实现回避问题、扩大职权等个人目的，从而采取各种手段影响项目进行。

④ 双方合作的默契程度：形式上较为默契，双方对方案的争执较少；但是从结果上看合作有效性较差，单纯依靠项目组难以保证方案的合理性。

（2）效果评估结论。

这类管理咨询项目较为常见，但实际效果普遍不太好，也导致很多成长型民企尝试过一次管理咨询后，就再也不愿借助管理咨询机构的力量开展管理提升工作。究其原因，我认为公司管理层尤其是公司经营者应对“管理”重新认识，构建科学、合理的“管理观”，不能过于依赖自己的管理经验，尤其是以“做生意”的心态来经营企业，否则公司很有可能陷入停滞不前的局面，难以保持高速、良性的发展势头。

3. “动机类型三：公司发展陷入困境，四处寻找突破口”的约会效果评估

（1）影响因素分析。

① 公司对管理咨询项目的期望值：公司管理层对项目的期望值非常高。

②管理咨询需求的合理性：根据以往项目经验，此类项目需求的合理性差异性较大，且要想真正突破现有困境，核心问题很有可能阶段性发生变动，因此项目需求也难以一次性准确表述，更多地需要通过双方的长期合作、逐步细化和确定。

③公司管理层的参与程度：公司管理层参与程度较高，也愿意在参与过程中逐步完成自我调整、升级。

④双方合作的默契程度：只要双方能够快速建立信任关系，则能够迅速进入较为默契的合作状态，通过持续的、深入的研讨甚至争论，使解决方案越来越合理、可操作；但是若不能快速构建信任关系，则容易陷入相互对立的不利局面，不利于项目有效开展。

（2）效果评估结论。

这类管理咨询项目有一定代表性，也是对管理咨询顾问具有挑战性的项目类型之一，双方在前中期的合作大多数都是比较愉快的，但是项目实际效果差异较大，主要原因在于项目本身的技术难度系数。因此，为了能够实现项目预期效果，建议公司经营者在项目正式开始前的商务阶段充分评估项目难度，高度聚焦阶段性核心任务，确保双方在阶段性核心任务上能够投入足够的人力、物力，以确保阶段性管理提升目标的实现，以促进公司业务问题的解决或缓解，从而形成一种良性循环，不断坚定公司员工对管理变革的信心，有利于逐步改善企业状况直至成功突破现有困境。

“约会管理咨询”的建议

基于上述分析，成长型民企在第一次约会管理咨询时，应注意以下几点。

1. 应重视第三方的专业作用，但不能盲目依赖

作为独立第三方的管理咨询机构，凭借其管理专业能力及职业精神，天生有极强意愿尽其最大努力与甲方一起实现最好的合作效果，与甲方一起发展、合作共赢；但是第三方也有其弱点，比如有限时间内对甲方的了解不一定完整、科学，第三方仅有建议权没有决策权等，因此不能对第三方盲目依赖，只有依靠双方的精诚合作才能有效推进项目。

2. 正式合作之前，慎重考虑公司的需求及其优先级

由于种种原因，多数成长型民企在管理咨询合作前期商务沟通阶段不愿意投入足够的时间、精力来做准备工作，慎重考虑公司的需求及其优先级，决策过程较为随意。建议成长型民企管理人员在商务阶段不妨多征求内行人的意见，甚至可以聘用一个熟悉的专业管理人员或管理咨询顾问担任短期助手协助公司领导分析、评估公司需求及其优先级、各候选机构提交的项目建议书等，尽可能地提高决策合理性。

3. 与第三方的合作中，不光要舍得花钱，更要舍得投入时间、精力

主要理由有：第一，管理咨询项目成果的质量取决于双方的时间与精力投入量及研讨的全面性、深入性；第二，大多数管理咨询项目成果是由甲方自行实施的，若相关管理人员对方案掌握不够，则极有可能会由于错误的理解导致错误的执行及错误的结果；第三，管理咨询服务项目中有一个很重要的隐含福利，即在合作过程中通过思维碰撞、方案研讨等方式传递管理智慧，从而促进甲方管理人员更快的成长；而成长的速度就取决于投入的程度。

4. 寻找可靠的合作伙伴，通过长期的、深入的合作，向管理要效益

成长型民企普遍存在管理基础薄弱、管理人员缺乏必要的管理技能甚至正确的管理认知等问题，因此很难通过一个管理咨询项目就顺利实现公司管理水平质的提升。因此，在公司预算有限的情况下，可以考虑一个大项目转变为若干个连续的小项目甚至常年管理顾问这样的长期合作模式，尽可能地选择与二流管理咨询机构的一流团队合作而非一流管理咨询机构的三流团队。只有通过长期的、深入的合作，管理咨询顾问对公司的认知足够深、足够全，才能使其提供的管理咨询方案或建议不断向更合理、更可行的标准靠拢，从而促进公司更快、更好地发展。

总之，成长型民企与管理咨询机构的第一次约会，需要客观看待管理问题，不能“讳疾忌医”；需要循序渐进地解决问题，不能“一蹴而就”；需要回归责任主体定位，不能“一切依靠顾问”；需要充分利用顾问资源，获取“最大管理咨询价值”。如果一切就绪，那么，一次“完美的约会”，值得期待。

Cmmercial Cllege

6 商学院

植根历史，面向未来的法国明星商学院

ROOTED IN HISTORY, THE FUTURE OF FRANCE'S STAR BUSINESS SCHOOL

法国 SKEMA 商学院 全球企业关系与高管教育总监范毅格（Francois-Xavier Théry）先生采访

SKEMA 商学院是全球较具盛誉的法国商学院之一，由法国两所重点精英大学：里尔高等商学院（创建于 1892 年）和尼斯高等商学院（创建于 1963 年）于 2009 年合并而成。

本刊记者 | 文

请您先介绍一下 SKEMA 的历史、现状和成就？

好的，我很高兴能够将 SKEMA（School of Knowledge Economy and Management，知识经济与管理学院）商学院这所欧洲顶尖的商学院介绍给《CHO 首席人才官商业与管理评论》的读者！

SKEMA 商学院是全球较具盛誉的法国商学院之一，由法国两所重点精英大学：里尔高等商学院（创建于 1892 年）和尼斯高等商学院（创建于 1963 年）于 2009 年合并而成。这次的合并，也是法国历史上首次高水平、大规模的独立商学院合并。

今天，SKEMA 商学院是法国较大的精英商学院之一，在全球开设六大校区：法国（巴黎、里尔、索菲亚·安提波利斯）、中国（苏州）、美国（北卡—罗利）及巴西（贝洛·奥里藏特），学生可以在全球六大校区流动学习，为成为一流的国际化管理人才奠定基础。

SKEMA 商学院联合了另外四所欧洲一流商学院，一同组成了顶尖的法国 SAI 五校联考联盟。同时，SKEMA 也是全球少于 1% 同时获得 EQUIS（欧洲质量发展体系）、AACSB（国际精英商学院联合会）、AMBA（国际 MBA 协会）三大全球管理教育顶级认证的商学院。每年定期举办 EFMD（欧洲管理发展基金会）、EDEN（欧洲远程在线学习网络年会）及 EEMAEE（应用进化经济学欧洲会议）等国际性研讨会，不断提升商学院的综合实力和影响力。

一流的师资、高成就的学生和职业人士以及坐落在各大洲科技或商业中心的环球校区，使 SKEAM 商学院的排名近年不断攀升，在各组织所举办的全法高商排名中，SKEMA 均稳居全法前八之列。另外，在 2017 年，英国《金融时报》的全球金融硕士 50 强中，SKEMA 的金融硕士位列全球第六！紧随美国麻省理工斯隆管理学院的金融硕士项目。

Firstly, could you please introduce SKEMA's history, status and achievements?

Certainly, I will be glad to introduce SKEMA Business School to the readers of 《Chief Human resource Officer Business & management Review》.

SKEMA business school is one of the most prestigious French business schools in the world. It was born from the merger in 2009 by the two key elite universities in France: ESC Lille (founded in 1892) and CERAM Business School (created in 1963). This merger is also the first time that French high level and large-scale independent business schools have merged.

Today, SKEMA business school is one of the largest elite business schools in France with six major campuses in the world: France (Paris, Lille, Sophia Antipolis), China (Suzhou), the United States (North Carolina Raleigh) and Brazil (Belo Horizonte). Students can study in the six major campus of the world. First - class international management talent and lay the foundation.

SKEMA business school jointly with other world business schools leaders participated in the top French SAI – five school entrance examination. At the same time, SKEMA is also a business school with less than 1% of the world's three top certification of global management education, including EQUIS (European quality development system), AACSB (international elite business college Federation), and AMBA (International MBA Association). Every year, EFMD, EDEN and EEMAEE were held regularly to promote the comprehensive strength and influence of business schools.
First class teachers, high achievement students and professionals, as well as the global campus located in various continents, science and technology zone or business centers, have made the ranking of SKEAM business schools rising in recent years. In the ranking of all law high business organizations held by organizations, SKEMA ranks the top 8 of the whole law. In addition, in 2017, the master of Finance in the global financial master Top 50 by Financial Times was ranked 6th. Following the master of Finance program at MIT Sloan School of management.

SKEMA 在人力资源管理学科领域有什么优势和特点？有哪些代表性的师资、课程或成绩？

SKEMA 长期以来一直专注于人力资源管理领域的教学与研究，在教学领域，我们在巴黎校区开设了用英文授课的国际人力资源与绩效管理专业硕士项目。这个专业的特点是通过 8 个月课堂授课再加上 4~6 个月企业实践，以培养出能理论结合实践的 HR 精英。

这个专业的师资组成既有商学院的教授，也有部分来自大企业人力资源相关领域的职场精英及学术专家等，该专业典型课程包括国际组织中的薪酬福利管理、雇佣关系及法规、组织发展及变化管理、绩效管理的数据应用等课程。

多年以来，从 SKEMA 商学院走出的学生在人力资源管理的实践领域成绩斐然，在安联保险、法国农业信贷银行、圣戈班、亚马逊、可口可乐、法雷奥、麦德龙等众多跨国公司中，他们担任着地区、国家乃至全球的人力资源负责人的重要职位。

What are the advantages and characteristics of SKEMA in the field of human resources management? What are the significant faculty, Courses or Achievement?

SKEMA has been focusing on the teaching and research in the field of human resource management for a long time. In the field of teaching, we have opened an international master's program in human resources and performance management in the Paris campus. This specialty is characterized by 8 months of classroom instruction plus 4~6 months of enterprise practice, to train HR elites who can combine theory with practice.

The teachers of this major are professors of business school, and part of the elite professional and academic experts from the field of human resources related to large enterprises. The typical courses include salary and welfare management, employment relations and regulations, organizational development and transformation management, and data application of performance management in international organizations. Course.

For many years, students from SKEMA business school have made great achievements in the field of human resource management. Among the multinational corporations, such as Allianz Insurance, Bank Crédit Agricole, Saint-Gobain, Amazon, Coca-Cola, Valeo, Metro and other multinational companies, they are the important positions of human resource leaders in regional, national and global.

SKEMA 对于发生在新模式（互联网 + 模式、共享经济模式等）、新技术（大数据、人工智能等）驱动下的人力资源管理变革有哪些认识和思考？在教学和课程方面，有什么针对性的计划？

这是个很好的问题。新模式、新技术确实对人力资源的管理影响很大，具体可能会有以下的情况出现：组织对人才的定义和需求变得越来越不确定了；雇用员工的形式也变得多样化了；组织内部不再由传统的部门组成，而是打破边界，越来越多的项目组成立了；薪酬支付也会越来越多地和绩效挂钩；对组织的内部沟通，不再通过员工大会，可能通过社交化媒体等进行了……在这时，唯有变革，才能满足组织对人才发展的需求。这种变革应该包含 3 个方面，就是理念的变革、技术的变革和管理形式的变革。

SKEMA 商学院针对上述情况，在教学和课程方面做了调整和更新，力求以动态型、业务型和知识型的开展方式以适应这种改变。这里，我想重点讲一下我们在技术领域针对性的计划，我们注意到人工智能将深刻影响所有的管理类行业。这里，我有个好消息和《首席人才官商业与管理评论》读者分享，我们 SKEMA 商学院与微软公司联手，全力推动人工智能发展，在 2019 年 1 月，SKEMA 商学院将通过 Microsoft Hub 开发新的或随堂或在线的混合课程，将 AI Impact 与 AI Competences 相结合，推出与微软合作的 MSc（理学硕士）国际硕士项目。这个新项目的目的就是培养既有先进的技术技能，特别是人工智能方面，又有坚实的管理知识的新型领导者。

What is SKEMA's understanding and thinking about human resource management reform driven by new mode (Internet + mode, sharing economy mode, etc.), new technology (big data, artificial intelligence and so on)?What are the specific plans for the course and pedagogy?

This is a good question. The new models and new technologies do have a great impact on human resource management, and there may be the following: the organization's definition and demand for talent becomes more and more uncertain; the form of employee employment will become diversified; the organization is no longer a traditional sector, but is breaking the border, and more and more The project group is set up; pay and pay will also be more and more related to performance; internal communication to the organization is no longer through the staff assembly, and may be carried out through social media. At this time, only changes can meet the needs of the organization for the development of talents. This change should include 3 aspects, the change of idea, the change of technology and the change of management form.

SKEMA business school has made adjustments and updates in teaching and curriculum in order to adapt to this change in a dynamic, business, and knowledge-based way. Here, I want to focus on our specific plans in the field of technology, and we note that AI will profoundly affect all management industries. Here, I have a good news and Chief Talent Officer Business and Management Review readers to share, we SKEMA business school and the Microsoft Corp to work together to promote the development of artificial intelligence. In January 2019, the SKEMA business school will develop a new or online or online mixed course through Microsoft Hub, and AI Impact and AI Competences has launched the MSc International Master's degree program with Microsoft. The purpose of this new project is to develop advanced technology skills, especially in terms of artificial intelligence, as well as a new leader in solid management knowledge.

SKEMA怎么看待中国企业目前的管理状况和管理水平？有哪些创新、领先以及不足之处？需要怎样改进和提升？

在我们看来，中国企业的管理水平在不断地提升，除了之前所知的制造和通信行业，最近几年，在高科技产业，也涌现出大量的独角

兽公司。我们注意到不少中国企业，通过新零售 + 互联网，设置了专门的产品研发、市场战略机构，并吸引世界级人才加入，提升了管理水平，也迅速打造了产品的核心竞争力和创新能力，尤其电子商务领域的成就为世界所认可，这也从侧面反映了中国企业的管理能力。

从需要提升的点来看，我的建议有两点。①正是因为这几年中国的企业发展太快了，出现了不少粗放管理的现象。企业应该建立良好的内控体系，特别是要设计好精细化的制度和流程，保证执行的高效和严格，尤其是增强对制度的尊重度和执行力。②人才使用的可持续化。这里我想做个说明，企业内部人才的培养和任用，不仅仅是 CHO 和培训总监的责任，也是企业内部每个管理者的责任，要确保关键岗位具有足够的储备。同时，我注意到在同等的职位上，中国的管理者普遍比欧美的管理者年轻 3~5 岁，一方面，这是个好事，说明有越来越多的年轻人在重要的岗位工作了。另一方面，也要不断地提升和任用一些有经验的中年人，使他们继续发挥作用，以减少“35 岁是道红线坎”现象的发生。

How does SKEMA view the current management status and level of Chinese enterprises? What are the innovation, advantage and the downside? In your opinion, How to improve it?

In our view, the management level of Chinese enterprises is constantly improving. In addition to the manufacturing and communications industry known before, a large number of Unicorn companies have sprung up in the high-tech industry in recent years.

We have noticed that many Chinese enterprises have set up special product research and development, market strategic institutions through new retail+ Internet, and attract world-class talents to join, improve management level, and quickly build the core competitiveness and innovation ability of products, especially in the field of E commercial business, your achievements in this field are The recognition of the world , that also reflects the management ability of Chinese enterprises from the side.

From the point of need for improvement, my suggestion is two points: ① it is precisely because of the rapid development of Chinese enterprises in these years that there have been many extensive management phenomena. The enterprise should establish a good internal control system, especially the refinement of the system and process, the high efficiency and strict implementation, especially to enhance the dignity and execution of the system. ② the sustainability of the use of talents. Here I want to make a clear point, the training and appointment of talents within the enterprise is not only the responsibility of CHO and training director, but also the responsibility of every manager within the enterprise, to ensure that the key positions have sufficient reserves. At the same time, I noticed that in the same position, Chinese managers are generally 3 to 5 years younger than those in Europe and America. On the one hand, it is a good thing to show that more and more young people are in important positions. On the other hand, we should constantly improve and appoint some experienced middle-aged people to continue to play their role in order to reduce the so-called "35 year old red line".

目前，SKEMA在中国有哪些教育项目？在课程和教学方面都有什么特色？下一步有怎样的发展规划？

目前，SKEMA商学院在中国的教育项目主要有全日制的本科、硕士项目以及高管培训项目。

前面我有谈到，SKEMA目前在全球有6个校区，而作为亚洲唯一的苏州校区，自然吸引了很多SKEMA欧洲、美洲的学生过来学习，我们全球管理本科BBA（工商管理学士）项目，在大三时，就有不少学生选择来中国学习。而我们的国际硕士MSc,专业硕士MS项目，也会有在苏州学习的学期和任务。比如，就国际硕士MSc来说，我们2018—2019学年在中国的专业有企业金融管理、奢侈品与时尚管理、国际市场营销及创业与创新等；在高管培训方面，我们有高级工商管理硕士项目（EMBA）和高级管理人员证书（EPM）等，以满足不同类型、不同层级在职管理人员的学习需求。

我们在课程设计及教学方法上不断地推陈出新，以适应当今瞬息万变的商业环境。我们在各专业设置学术委员会，以领导专业的发展，而我们学术委员会的成员不仅有资深教授，更有在该领域国际知名的职场人士加入，以确保专业的先进性和实用性。我们在教学上强调企业实践，同时通过课堂学习、案例分析、小组合作、项目实操等混合式的教学来培养学生将来在职场的胜任能力。而在高管培训项目中，除了标准化的全球EMBA项目，2018年，我们更是和《财富》500强公司——圣戈班亚太区合作，推出了定制版的高级工商管理硕士项目（EMBA）。据我所知，在欧美顶尖商学院的高级学位类领域中，目前在中国很少有类似的项目。同时，我们今年首次在中国推出了EPM项目（高级管理人员证书项目），这是一个为期10个月，包含5个模块的短期项目，教授均来自欧洲，通过原汁原味的法国精英高商教育来提升中国企业高潜及中高层人员的全面管理技能及方法论。

今后，我们会根据中国市场对专业人才的需求变化，结合我们的擅长领域，不断地推出更多优质的教育项目，以满足中国不断发展和变化的人才需求。

What are the educational programs and projects of SKEMA in China currently? What are the characteristics of the curriculum and teaching? What’s your next development plan in China?

At present, the SKEMA business schools in China mainly have full-time undergraduate and master programs, as well as executive training programs.

As I mentioned earlier, SKEMA has 6 campuses all over the world, and Suzhou, the only campus in Asia, naturally attracts a lot of SKEMA European and American students to come to study. Our undergraduate global BBA program, at the student third year, many students chose to study in China.

And our international master's degree MSc, professional master's MS project, also have semester and task in Suzhou. For example, for the international master's MSc, our 2018–2019 academic year in China has business financial management, luxury and fashion management, international marketing and entrepreneurship and innovation. In the field of executive education, we have the Executive MBA program (EMBA) and short-term the executive program in management (EPM) to meet the learning needs of different types and different levels of managers.

We are constantly innovated in curriculum design and teaching methods to adapt to today's changing business environment. We set up academic committees in various specialties to lead professional development, and our members of the academic committee not only have senior professors, but also more well-known professionals in this field to ensure the advancement and practicality of the professional. We emphasize the practice of the enterprise in the teaching, at the same time, through the classroom study, the case analysis, the group cooperation, the project practice and so on, we can train the students' competence in the workplace through mixed teaching. In the executive training program, in addition to the standardized global EMBA project, this year, we are working with the Fortune 500 Company, the Saint Gobain Asia Pacific region, to launch a customized EMBA for their top business management. As far as I know, there are few similar projects in the advanced degree field run in China Market, among top business schools in Europe and America. At the same time, we launched the EPM project (Executive Program in Management) for the first time in China. This is a 10 month, 5-module short-term project. The professors all come from Europe, through the original French elite high business education to improve the overall management of the high potential managers and the high and middle personnel in the Greater China through Skills and methodology.

In the future, according to the demand for professional talents in the Chinese market, we will continue to introduce more quality education projects in order to meet the needs of China's continuous development and change.

Benchmarking Enterprises

7 标杆企业

西门子
霍尼韦尔（中国）
康旗股份
南京链家

SIEMENS
HONEYWELL
KANGQI
LIANJIA

周培 | 本刊记者
李晗 | 本刊记者

SIEMENS

“软硬之道”，西门子数字化变革中的人才管理

西门子大中华区执行副总裁兼人力资源总监马清女士采访

李晗 | 本刊记者

1847 年，在世界史上似乎平淡无奇，但是对于电气工业时代的开端，这年发生了一件大事：西门子在德国诞生了。170 多年来，西门子一直是全球电气工业的领导者，像一艘坚实的艨艟巨舰，在世界商业的历史长河中劈波斩浪，它促进了人类的一个时代，也创造了自己的一个时代。

但是，时代不是停摆的钟表，它时刻运转，滚滚向前，任何迟滞的事物都会被它无情抛下。电气时代 200 年，多少工业巨头如尘烟消弭，而西门子一直稳执“牛耳”。创始人维尔纳·冯·西门子先生早已将发明家敏锐、变革、创新的精神熔铸于他的企业，先于时代，引领时代。

现在，数字时代来了，西门子已做好了准备。

数字化蝶变，从 2020 到 2020+

“工业 4.0”，已成为全球工业未来发展的一个标准。但是并非所有人都知道，西门子正是这个概念的主要创始者和推动者之一。“工业 4.0”的核心内涵可以理解为工业制造的智能化和数字化，而西门子早在 20 世纪末就已经敏锐地意识到这个趋势。进入 21 世纪后，西门子就开始全力布局其数字化业务组合，不断加大研发、并购、调整组织和战略。

2013 年 4 月，德国政府在汉诺威工业博览会上正式提出“工业 4.0”战略，西门子是主要推动者之一，并已经着手将这一概念引入其工业软件开发和生产控制系统之中。

2014 年，已经开展十多年数字化探索的西门子发布“2020 公司愿景”，首次明确了专注于电气化、自动化和数字化领域的战略，转型的车轮开始加速运转起来。

对于这个沉积了 170 多年历史和文化，负载着众多子公司和数十万人命运的传统工业、制造帝国来说，数字化转型并非易事，它不是变换赛道、换挡增速的问题，而是脱胎换骨的问题。

脱胎换骨，就是要壮士断腕。在不断收购软件公司的同时，西门子又不断把一些传统的业务板块如手机、通信、家电、汽车配件等卖出，轻身上阵向工业云、大数据、数字化工厂突击。

厚重的技术底蕴加上变革的决心，西门子的数字化进程稳健而扎实。

2015 年，西门子提出了“迈向工业 4.0——引领数字化企业进程”的主题，由此确定了“工业 4.0”的框架和主题，正式开始了关于“工业 4.0”具体路径的研究。

2016 年，西门子首次提出“数字化双胞胎”的理念，持续强化软件方面的实力。同年年底，西门子在全公司范围内推出基于云的开放式物联网操作系统 MindSphere（基于云的开放式物联网操作系统），借助该平台在所有领域和业务中针对客户以及自身的生产设施推进数字化，从而将“硬”的机器设备和“软”的数据、信息连接起来，形成数字化生态。

2017 年，西门子第一批试点客户已经受益于数字化企业所带来的优势。2017 年 6 月，西门子“数字化体验中心”在北京落成，这是西门子在亚太区第一个全景式展示西门子数字化理念和技术水平的窗口，也是标志

着西门子数字化转型已经取得阶段性成就、“数字化双胞胎”战略落地的重要事件。至此，西门子已摇身一变，从全球最大的电气工业制造商转而成为全球第十大和欧洲第二大软件提供商，并且在世界工业软件领域中，品类最多、体系最全、实力最强，独领风骚。而新的财务报表也显示，其旗下的数字化工厂集团已成为工业数字化领域无可置疑的市场领导者，“2020公司愿景”基本达成。

不过，这对于矢志赢得未来，占据数字高地的西门子来说，仅是开始。2018年8月，西门子又发布了“公司愿景2020+”。已经取得的进步使西门子踌躇满志，在智能基础设施和数字化工厂之外，准备开拓“物联网集成服务”等新的数字化增长领域。而更加大刀阔斧的组织和管理方面的变革，说明西门子已完全洞悉数字化变革的趋势和本质——它绝不仅是技术的叠加和量变，它也将是发展方式、经营模式以及管理思想和方法的质变。

软硬两手，打造数字化人才团队

西门子大中华区执行副总裁兼人力资源总监马清女士，谦逊干练，睿智理性。她1997年进入西门子从事人力资源工作，2010年起担任现在的职务。可以说，她是西门子大中华区人才数字化转型的推动者。

传统企业数字化转型中很重要的一部分，是数字化人才的供应和培育。这对于任何试图从旧模式中走出来的企业，都是一个难题。因为，人才市场上并没有“数字化人才”这种专才。何谓数字化人才，也没有统一的标签或标准，不同的企业，也许对数字化人才有着不同的认识和能力素质要求。正如马清女士说的：“不是说你懂IT（信息技术）、学计算机科学就是数字化人才，或者这也可能是，但在西门子还不够。因为把你放在工业环境中，你就不知道该怎么办了。所以西门子的数字化人才，既要懂IT语言，同时也要懂工业语言，既要懂编程，同时也要懂工业流程，他需要懂得怎么把工业的现实世界和软件的虚拟世界联系起来。”

更为重要的是，在马清看来，数字化转型不是几个或者几十个数字化人才就能完成的事。它是一个整体而系统性的事业，既需要完整而协同的数字化团队，需要“硬”的数字化技

术和行业知识，同时也需要“软”的适合数字化的文化、管理、组织、流程等。基于这种理解，她也相对应地从软和硬两个方面入手来打造她的数字化团队。

马清通过招聘和学习的方式来解决“硬”件所需要的技术、能力需求。在她看来，数字化会带来许多新的业务、技术领域的人才需求，如大数据、虚拟现实、人工智能等，这些人才一部分需要通过对外招聘获得。但是，最重要的还是放在对现有员工的数字化能力提升方面。“基本上所有的岗位都需要想数字化带来的冲击是什么，我的工作内容会做出什么样的改变，他们必须要不断地学习来调整自己技能的组成，然后来适应新的挑战”，她说。

因此，整个西门子公司的一大特点，就是特别注重学习。除了传统的授课式培训和 e-learning（在线学习）外，他们还设置了许多灵活开放、形式新颖的学习活动，如学习日、Young Talent Day（青年才俊日）等。马清有一个理念，就是“让学习随时随地发生”，因此她带领西门子人力资源团队想尽办法让学习变得多元化、碎片化、模块化。除了不断丰富公司自有的学习平台外，西门子还和外部的学习平台进行合作，从内容资源上最大可能地满足员工的需求。同时，为了提升员工的学习体验和效率，她甚至想到

了设置专门的“学习大使”，引导和帮助员工明确而有效地学习。为了鼓励和激发新一代年轻人的学习兴趣，西门子也希望尝试借鉴社交互动的方式，如“点赞”“好评”“分享”等互联网方式来引导和“激活”。

总之，在推动员工学习这件事上，马清可谓是不遗余力。不过，最能体现西门子对于学习的热情和重视的，恐怕是一年一度的“Learning Day”——西门子学习日了。

这个从2015年开始的项目，是西门子公司全球范围内的学习“嘉年华”。每年选在春季某一天的这个活动，对每一位员工都完全开放。每年的学习日都会有一个大的主题，大主题之下又有许多不同的话题和模块，员工可以任意报名、自由参与自己感兴趣的部分，也可以毛遂自荐、勇敢分享自己的观点。至于这一天能学习多少东西，其实并不是最重要的。关键是通过这样的活动，员工能够感受到西门子的激情和蓬勃动力，能够激发学习的热情和进步的精神，这样的西门子，每一天都是新的和充满希望的。

培养了具备数字化能力的人才，就像是胚芽着了床，能不能生长，还要看母体的环境和营养。对于人才来说，组织就是这个母体，组织文化，就是他的营养。而这些，也就是马清要打造的数字化团队的“软”的一方面。

从历史来看，组织作为一种结构方式，同人类的生产方式和信息的交互方式是紧密相关的。大工业的时代，生产方式较为固定、变化缓慢，信息交互也相对简单和封闭，因此组织也是稳固、清晰和明确的。而数字化时代，生产方式快捷多变，信息交互是开放、混沌和云态的，如果组织不能随之进行变革，就会成为发展的桎梏。

马清很清楚这一点，她也非常明白数字化团队的本质，她称之为“你需要在生态系统里工作”。因此在组织上，西门子正在尝试打造开放合作、机动灵活的机制和环境。从前依照层级去驱动组织和项目的方式，正在逐渐被跨部门、跨区域、跨行业的协作所取代。西门子希望这种虚拟化的团队协作成为一种新的工作方式。

随之而来的，是“领导”观念的变化。领导的定义不再仅仅取决于层级和组织结构，还取决于个人能力和对组织的贡献。任何人都可以成为某个项目组的领导。正如马清所说：“你可能不是团队里任何人的上级，但是你要带领这个团队完成项目目标。”这也意味着，数字化团队中的成员，需要具备更为多元的能力，如沟通、协调、勇敢、领导力等。

为营造善于沟通、勇敢表达的组织环境和文化氛围，西门子面向内部员工举办了Future Talk（畅谈未来）、Young Talent Day等活动，鼓励员工大胆展示自己，以TED演讲和公开辩论的形式，就公司的战略或管理问题发表自己的观点、阐述自己的思想。对错无所谓，关键是要有独立的见解、批判性思维和勇于表达意见的勇气。这才是数字化人才所需要的。

数字化时代对于人才的职业生涯来说，也意味着打破陈规和无限可能，所以，公司中也在推行“own your career”（你的职业你做主）的文化。公司会提供职业生涯规划的课程，也会有HR提供建议，希望鼓励员工大胆进取，自己规划、掌握、创造自己的职业生涯。西门子还准备推出一项更为开放的计划，员工可以申请任何一个自己感兴趣的职位，哪怕这个职位目前有人，当职位空缺后，你就可以成为参考候选人。

马清还提到一项更为有趣的计划。在工作方式变得更加网络化的今天，数字化的工作方式和场景物理化会给员工的工作体验带来新的提升。西门子准备打造一个打破组织界限的共享工作空间，这个空间里员工不按部门而是按照项目聚集在一起。但更本质的变化是，这个空间看起来不像是办公室，可能更像星巴克甚至家里的客厅。员工们将在非常有活力、轻松、充满快乐和创造性的环境中工作。马清说："我们要给大家提供一种完全不一样的工作环境和体验——体验创作的过程，体验合作的过程，体验家的感觉和氛围。"

专业、跨界和敏捷，数字化人力资源管理三要素

马清在西门子做 HR 二十多年，担任大中华区人力资源总监近十年，可以说全程经历了西门子数字化转型的酝酿、布局和发力阶段，她在人力资源管理变革中有很多实践，而且还在不断摸索和尝试。因此，对于传统企业如何向数字化转变，她有着深刻的见解和独到的领悟。

在问到传统企业的人力资源管理应该如何向数字化变革转型时，她说了三个关键词：专业、跨界和敏捷。

所谓专业，也许有人说，在充满变幻的 VUCA（不稳定、不确定、复杂、模糊）时代，也许并不那么重要了，但马清不这么看，她认为越是复杂多变、越是模糊混沌，对 HR 专业性的要求反而越高，如果没有透过现象看本质的深厚根基，没有基于专业性的定力，反而容易迷失于眼花缭乱的表象，找不着实施管理的关键。

而专业性如何铸就？马清认为，除了持续不断地学习，就是要理解业务。"数字化时代对业务的理解需要更加透彻"，她说，"因为很多业务的内涵和需求会体现在企业的文化、企业的用人、企业的管理等各个层面，如果不能透彻地理解业务，就没有办法开展有效的管理"。

为了让 HR 真正理解业务，马清让她的 HR 业务伙伴团队必须参加业务部门的管理会和销售会，虽然不一定每次都会有人力资源相关的事务，但这样做，至少让 HR 知道业务部门面临着什么问题，客户群体是哪些，竞争环境是怎样的。这样，当业务部门需要协助时，人力资源部门就能提供真正专业有效的解决方案。

然后是跨界。马清说，专业并不意味着不开放，专业的同时一定要跨界，跨界了就更有专业的眼光，这两者并不矛盾，尤其对数字化转型来说，不同行业、部门、岗位的跨界融合、整合几乎是常态，如果 HR 没有跨界的眼界、知识和管理能力，就只能被形势淘汰。为此，她经常鼓励她的 HR 同事换换新的岗位，走出舒适区挑战一下自己。这样既能锻炼自己的学习能力，不断提升自己，又能了解不同行业或岗位、业务的情况，才会在数字化时代有宽广的发展空间。

提到敏捷性的时候，马清认为，在数字化的大环境中，人力资源管理必须要"快速解决、快速反馈"，对此马清感触颇深。也许是她经历了传统西门子从严密稳妥的管理风格到数字化西门子快速响应、敏捷行动管理风格蜕变时的阵痛，而前者，仍旧是绝大部分中国传统企业的管理风格。

要快，要敏捷，就必须要冒一定的风险，马清对此也心知肚明，"数字化时代就是这样"。她说，"如果你害怕风险，这也不能做，那也不能做，那还用创新吗"？为培育和保护好创新的文化，西门子允许员工出错，并建立起试错的机制，鼓励员工将自己的想法大胆付诸实践，以确保没有人会因为害怕错误而被束缚梦想。然而，敏捷并不意味着想做什么就做什么，马清说："敏捷是以客户和创新为导向，根据市场和客户的需求快速做出反应。在创新和研发领域，公司鼓励快速试错，快速学习，但是在执行中的重要流程，例如合规、质量、安全等关键话题上，则不容有失。"

在西门子，无论是从宏观的数字化变迁历史，还是从西门子具体的人力资源管理变革理念和方法中，你都可以看到一种浑厚博大的企业精神——创新和追求卓越，它似乎永远站在一个高峰仰望天空。当昭示着更为彻底变革的"公司愿景 2020+"发布之后，西门子 CEO（首席执行官）凯飒（Joe Kaeser）曾对他的同人们说："这可能是我们历史上业务最好的阶段和时代，为什么要在这个时候变革？答案非常简单，我们正是要在业务上升期主动出击，而不是在未来面对压力时被迫做出改变。"

这就是西门子，从 170 多年前，他的创始人发明一系列改变人类生活的电气设备的时候，它的创新基因就已经被种下了。

HONEYWELL

霍尼韦尔(中国)，工业巨头的转型“人才经”

李晗｜本刊记者

这个世界上凡是历时百年而又长盛不衰的企业，骨子里都有“变”与“不变”两个对立统一的强大基因。变，是能审时度势、与时俱进，不断融入新的历史中去。

不变，则是能秉持初心，执守价值，将优秀的管理基因一代一代传承延续。诞生于 1885 年的世界先进制造业巨头霍尼韦尔国际公司（以下简称“霍尼韦尔”）就是这样一家企业，其中国区人力资源总监沈雁能够深切地感受到这一点。

勇敢无畏，“思索型公司”的文化执守

沈雁 2003 年进入霍尼韦尔，从带十几个人的小团队起一直做到整个霍尼韦尔中国区的人力资源总监。这期间的 15 年，沈雁不是没有遇到过挫折，也不是没有经历过低潮，但她却从未想过离开这里。为她问什么，她说：“我觉得我一直被需要。”

“觉得一直被需要”，这样一个朴实的、近乎平淡的理由，却透露出霍尼韦尔文化上对于员工具有的非同凡响的吸引力和凝聚力。因为，和沈雁有类似经历及想法的员工，在霍尼韦尔并不鲜见。

这就必须要提到霍尼韦尔“思索型公司”(Thinking Company) 的企业文化。霍尼韦尔希望员工不只考虑眼前的业绩，还应该学会独立思考，不唯上、不盲从，并且勇敢表达出来。

正如沈雁所说：“在我们的文化里边，有一个行为准则，是勇敢无畏。我们内部的解释就是说，我们希望每一个人能够很勇敢地说出自己的观点，不惧怕让自己成为一个别人‘不喜欢’的人。”

“成为一个别人‘不喜欢’的人”，这在全世界所有企业的文化之中，恐怕也是相当独特的。霍尼韦尔管理者深知，智慧的闪光和正确的决策只有在质疑精神和包容环境中才能产生。更重要的是，这是一种对于员工个体价值的尊重和认可。而且，从实际的效果来看，只要营造出出于公心、坦荡真诚的氛围环境，不仅不会不被同事喜欢，对于组织的健康正向发展还大有好处。用沈雁的感悟来形容，就是：“我们能够包容不同的声音，整个的组织就非常漂亮！”

沈雁也把这个原则很好地运用到她的 HR 团队管理中。她经常和她的团队说：脚踏实地和仰望星空，你两边都要做。一方面你要完成每天固定流程的工作，另一方面你不能完全机械地工作，你还要成为一个“思索者”。要在一项工作或某个项目中发现更好的方法，提供更好的建议。即便不能影响到最终的决策，但至少可以促使管理者从另一个角度看问题，眼光更加全面和长远。

因此，霍尼韦尔中国区的 HR 团队，他们内心所追求的，并不是形式上的业绩，制定哪些 KPI 或者招到多少人等，他们有更“远方”的追求，沈雁说，这就是霍尼韦尔文化的精髓：成就自我和超越自我！

因时而变，工业巨头的翩跹之舞

2013 年，沈雁开始担任霍尼韦尔中国区的人力资源总监，她任职的这五年，正是中国互联网经济风头最盛的时候，商业模式的变化，技术的飞速发展，也推动了过去稳如磐石的实业、制造业的转型。既而，经营模式的转型又推动管理的转型，而人力资源管理的转型，也不可避免了。

说到这个话题，沈雁感慨颇深：“这五年确实是相当不一样，最明显的感觉就是老本儿不太好吃了。”

老本儿不太好吃，首先体现在业务模式上，过去霍尼韦尔主要是一家卖产品、卖硬件的公司，但是现在要成为一家高科技的互联方案提供者，要卖服务，卖一些无形的东西，那对人才的需求就不一样了，人力资源部对业务部门支持的方法也不一样了，这些都是新的挑战。

另外一个变化是，人变了。过去这些世界五百强内的巨头企业，对于国内的年轻人来说是神一样的存在，只愁没有岗位，不怕招不到人。但现在 90 后们的思想变了，公司什么背景，他们并不关心，工作体验才是最在乎的，甚至宁可去创业也不打工。所以霍尼韦尔的招聘就遇到了困难，社招、校招都碰到了很大的挑战，但霍尼韦尔在中国的发展又飞快，每年需要数百计的人才补位。所以，必须改变，必须创新！

（一）深入业务，培养 HR 商业洞察力

面对外界的变化，要么打开胸襟、自我革新，勇敢拥抱变化；要么抱残守缺、泥古不化，被时代淘汰。真正优秀的企业一定是选择前者。霍尼韦尔从战略上彻底转身，把自己定义为一个互联工业企业，而不再仅仅是制造业。同时，要求公司全员在思想上进行转变，具备互联网思维，对于人才也提出了更高的“复合”和“跨界”的需求。这对沈雁来说，无疑也是新的挑战。

沈雁说：“从我们 HR 来说，首先我们要有更加开放的心态，我们的学习能力要打开。”她首先从培养 HR 的商业敏感度和洞察力入手提升团队的服务能力。商业洞察力，似乎和 HR 关系不大，HR 只要按图索骥做好招聘，根据 KPI 做做绩效考评，设计一下薪酬福利就可以了。不过，现在的商业和管理不像过去那么简单，而是错综复杂、瞬息万变，如果

不懂商业规则，没有很好的洞察力和悟性，就看不透业务部门需求的本质，结果就是卯不对榫，无法提供真正有用的需求。

针对霍尼韦尔中国的大多数HR都是纯粹HR背景的情况，沈雁设计了“one day with business”（业务体验日）的实践。每个季度，HR都要去一个业务部门，实实在在地做一天业务，不只是熟悉、了解流程，而且要把自己代入到角色之中，或者是销售市场人员，或者是质检员，或者是客服人员，在实际的工作中感悟业务人员的真正需求和真实想法。

为能真正深入了解业务，沈雁要求每一个HR都要找一个业务部门的“师傅”或者说伙伴。多年前她自己找过业务部门财务主管做搭档，定期吃饭提问分享，从中她学会了通过财务数字和报表透视公司人力资源管理的状况，工作起来就更加精确和有针对性。而且，这一制度也使人力资源部和业务部门建立起了非常好的信任感，“当业务部门觉得你是真的想帮助我，或者你想成为我时，信任关系就很容易建立起来”，沈雁说。以至于很多业务部门经理出差做项目时，也会主动想到请一位HR跟着了解业务情况。

通过这样的模式，霍尼韦尔中国区的人力资源团队不再是简单机械的规则执行者，而真正成了业务部门的支持伙伴，能够灵活、主动地帮业务部门解决问题，极大地提高人均产出。比如一种很普遍的情况，业务部门由于业务扩展需要加人，但是总部没有预算不批准。这个时候，HR团队就会去为它做盘点和评估，看是否需要增加人员，如果确实需要而又无法增编，HR就会想办法从别的区域、别的条线来“大盘调配”合适的人员，结果编制没有增加，事也办好了，皆大欢喜！

（二）招聘创新，建优秀人才蓄水池

创新是驱动变革的源头活水，具备了创新的动力和思维，变革就停不下来。同业务部门的深入交集，使沈雁他们懂得了只有做业务的人，才最知道业务需要什么人。于是他们把招聘的权力下放，比如在软件人才招聘时，让业务“大拿”或者优秀员工来主导招聘，寻找“像你一样的人”，而不是从传统的HR的角度，以岗位、职位、背景、资历等这些机械的条件去判定、筛选“满足条件的人”。

当然，放权并不是完全放弃不管，HR仍然有一个考察观察的过程，沈雁

也把这当成是一个互相学习的过程。如果事实证明选对了人，HR 就会向业务部门讨教，为什么选了他而不是别人，这个人有哪些东西是我们没有看到的？这样坚持两年下来，沈雁团队的收获非常多，不仅是识人、用人的技术越来越高，而且和其他部门的共识度、默契度也越来越高。“炸掉人力资源部”这样的论调，至少在霍尼韦尔，没有了基础。

新的招聘理念还催生了行业内另一项颇值一书的经典招聘方式范例：以行业赛事的形式持续为公司发现、挖掘优秀的后备人才。

为实现互联网工业化的转型，霍尼韦尔在战略规划上向软件业倾斜，下大力气拓展自己的软件产业，这需要在较短的时间内招聘相当数量的软件人才。但是，如果以传统方式按部就班地招人，一是时间慢，二是未必能把行业内最好的人才招来。怎么办？沈雁他们想了一个办法，搞“黑客马拉松”大赛，吸引全国范围内的技术大咖、软件高手们来参赛，比赛长期举办，每周一次，很多一流人才由此脱颖而出。一年多时间里，这个活动就吸引了达 2000 余名高手参加，有数十位佼佼者被霍尼韦尔选中，不仅解决了霍尼韦尔软件人才需求和储备问题，而且也给当前人力资源的创新管理提供了一种新思路。

（三）横向打通，盘活存量，内部活血

对于体量庞大的跨国公司，尤其是业务多元化、产业跨行业、经营跨领域的巨头公司，管理和人才上各自为政，难以打通的“深井现象”一直存在。从集团管理整体的角度看，导致极大程度的资源浪费和效率下降，而且不符合霍尼韦尔新战略对于人才“复合、跨界”的要求。

在可能的情况下，“用内不用外”是任何大公司招聘的原则，内部人毕竟更了解公司，培养和试错成本都低。沈雁在刚做中国区人力资源总监的时候，就在考虑这个问题：这么大的一个多元化公司，管理者的背景不同、决策思路不同、和美国总部的关系不同，怎么才能把霍尼韦尔内部的人才平台打通？

更深层的理想是，沈雁认为，如果组织各个条线的管理者能够横向打通，这个组织的血就活了，就更具有开放性和包容性，而这是未来霍尼韦尔管理者们必须具备的能力素质。

霍尼韦尔内部有一个“One Honeywell”（一个霍尼韦尔）招聘平台，所有招聘需求向霍尼韦尔全球的员工开放。不论你在世界的哪个地方，在哪个业务板块，只要你愿意，本职业绩好且在岗 18 个月以上，敢于尝试，都可以申请跨部门、跨国界、跨行业、跨职能换岗，当然，后面有相应的培训措施会跟上，甚至会根据员工发展意愿为其定制个性化的培养方案。

经过这几年的积累，可以说，霍尼韦尔完全改变了过去招聘主要依靠外部的状况，关键岗位职位的内部晋升率达到了惊人的 70%。这对于内部行业跨度非常之大的霍尼韦尔来说，实在是个不菲的成就，如沈雁说：“我们有做化工产品的，我们有做航空航天的，我们有做自动化控制的，越来越多的霍尼韦尔经理人不以行当门槛预筛人才。我们都在霍尼韦尔这个大家庭，我们都愿意接受跨业务部门的人，因为他们的学习能力和适应性可能更强。”

到如今，包容、开放和跨界、跨行业能力，已经成为霍尼韦尔领导力的一种标配。

从庞大坚实的工业时代巨头，到引领时代风潮，以软件开发为主的互联网工业企业，霍尼韦尔成功地实现了自身的世纪蜕变。在一切都是人才先行的新经济时代，霍尼韦尔的成功，至少有一半是其人力资源决策和管理的成功。如同霍尼韦尔倡导的文化一样，“勇敢无畏”和“超越自我”也是他们推动人力资源管理变革的精神底气。当然，霍尼韦尔源于百年历史积淀和顶级眼界而来的人力资源管理思想和举措远非我们文中所述这么简单，由于素材有限，我们也只能在挂一漏万中略窥一斑。但也可以明确地说，他们的转型实践，为许多身荷旧日重负的中国工业、制造业企业提供了样板和可以借鉴的思路，至少在打造适应时代的“复合”和“跨界”人才队伍上，是有明确的昭示的。如今，他们已经在决定未来的人力资源大数据和智能化管理上有突出的成就，他们一定会走得更远！

KANGQI

康旗股份，

打造精英型组织，成就大数据金融科技新贵

周培 | 本刊记者

短期内快速蜕变，规模上成倍增长，用榜样力量攻克变革阵痛，用赋能高效实现精益创新。作为大数据金融科技第一股，年轻却快速生长的康旗股份在商业的浪潮中不断激流勇进。本刊采访了康旗股份首席人力资源官杨咏秋，听她介绍如何用企业文化和组织创新来裂变企业发展新的基因。

作为创业板大数据金融科技第一股，康旗股份围绕“大数据金融科技”（Big Data FinTech）的定位，核心战略是构建覆盖多种类型民生消费数据的数据聚合超算中心，构建基于大数据金融科技的智能营销、智能风控、智能获客能力，通过创新合规的整体解决方案，赋能合作银行、保险等金融机构。

康旗股份（300061）原名康耐特，2010年在创业板上市，2016年11月并购重组旗计智能，并于2017年7月完成更名。目前，在北京、上海、深圳、常州、合肥、西安、江西赣江新区等设有分公司、子公司，员工总数超过5000人。康旗股份先后荣获多项重要资质和荣誉，包括上海市高新技术企业、上海服务业企业100强、上海民营服务业企业50强、中国最佳雇主上海地区30强、中国人力资源管理杰出奖、中国最佳信息化团队奖、CMMI3国际认证等。

优秀并非一日之功，康旗股份经历的改革、阵痛、突破及成长记录了基因蜕变的心路历程。

出身于传统行业的杨咏秋这样回忆加入康旗股份之初的感受：“初来乍到时，康旗股份的事业和文化，给我这个从传统行业走来的人留下了非常深刻的感受和碰撞，作为一个新兴行业的成员，康旗股份能够及时应对外界环境，适应政策的急剧变革，并积极地引领组织自生，这样的应变能力和适应能力令人为之赞叹。”

企业的成长和发展，不仅让身在其中的人感觉像是踏上了一个快速行驶的轨道，作为上市公司，也为资本市场快速衍生了真金白银的价值。

康旗股份通过业务合作、授权合作与合资合作的方式，在大数据科技领域深度布局，抓住数据聚合应用开发的机遇，构建数据聚合超算中心。在实际操作中，康旗股份已体会到大数据科技先发优势给企业在数据聚合应用开发机遇上带来的汇集与虹吸效应。

在既有信用卡大数据业务的基础上，康旗股份2017年通过收购完成了对航旅大数据的布局，接下来还会布局高铁、大健康、幼教、保险、电信、汽车等领域的数据应用开发。通过构建数据聚合超算中心，提升客户画像的精准度。

这家公司在短时间内快速蜕变，实现规模上的成长，办公地点也从一个普通的写字楼搬到现在具有现代感、科技感的建筑物中，更重要的是，从企业的工作氛围中，也能嗅到科技基因的蜕变。

杨咏秋回忆道：“记得我们上个星期跟某个业务板块的总经理有一个午

的领导对公司发展保持一种高度的意识，根据自身所处的发展阶段，量身定制合适的方案，并克服企业变革带来的阵痛。企业带头人刘涛就是成功操刀这次转型的领军人物，他凭借过人的魄力和意志力，审时度势，在中国新经济蓬勃发展的变革时代，身体力行地带领康旗股份在商业的浪潮中激流勇进。

这也是十分吸引杨咏秋的地方，作为一名组织发展实践者，她认为这家公司的领头羊般的变革意识及领导人的超强意志力，必将促使公司具备一种健康成长的前景，轻松开放的工作氛围，也能让企业中的员工们更好地实现自己的价值。

以刘涛为首的公司管理层十分明确，人才在知识经济环境中的重要性，刘涛也以爱才著称。他在吸引优秀人才上不惜成本，亲力亲为，无论走到哪里都挂念着招人的事情，并且看到合适的人才还会长期跟进，频繁接触，一直到最终牵手合作。为了让人才能够更好地理解康旗股份的发展战略和前景，他曾经长期选择在嘉里中心的一间酒吧约见候选人，这一坚持就是5年。说到这里，杨咏秋回忆起了一个有趣的小插曲："有一天，在嘉里中心的同一间酒吧，一个服务员来跟他打招呼说，您是刘总吗？当时我们刘总还有点吃惊。她说我在这里看到你一次一次面试你们公司需要的人才，从内心里是非常敬重您这样的一个CEO（首席执行官），我今天要离职了，想跟您打个招呼。"

也是在同一个地方，康旗股份举办了一场名为"遇见牵手同行"的酒会，把公司的核心人才、高潜人才甚至还有中途离开的人，都邀请回来，像老朋友一样聚在一起，开怀畅饮。

不难看出，从某种意义来讲，康旗股份正在把人才也当作客户来运营和维护，通过领导人身体力行，打造具有康旗特色的人才社交圈，形成人力资源的良性循环，这种情怀也感染着身在其中的每一个人。

转眼间，康旗股份已经成长为一个5000人规模的大家庭了，并且还在裂变出新的创新业务和创新团队。杨咏秋表示："康旗股份的人力资源策略聚焦在人力资源的标准上，我们对组织变革转型当中比较准确的定位是打造精英型组织和精英型团队，我们不希望构建一个体量上庞大的组织，而是注重品质上的提升，把它变得更灵活、更高效，并且能更好地进行迭代。"

餐会，我们当时就问他，你为什么现在会这么开心？他说，到底发生了什么？我本来一直是蛮拘谨的一个人，到康旗股份之后，我都觉得我自己挺好玩的，很嗨！"

用榜样的力量攻克企业变革的阵痛

生命力旺盛的康旗股份并非生来如此，在商业环境随着科技重塑而发生翻天覆地的变化时，康旗股份也敏锐地洞察到了企业的下一个成长曲线必须依赖由内而外的变革。

但变革，说起来很轻松，推进中困难却很大。历史表明，企业变革的成功概率不会超过1%，这有赖于组织

用高效实现精益创新

作为新经济中转型创新的典范企业，杨咏秋把这样的成绩归结为公司从上而下贯穿的"高效率"，无用功和

拖延症在康旗股份是不被容忍的。具体到日常的工作中，高效率体现在方方面面。

在业务的创新迭代上，康旗股份倡导“精益创新”。公司针对每一项新业务都会经过十分严谨的论证，并进行快速的内部整合，从组织架构的支撑，到业务上的快速嫁接，各个环节都以“精益”为标准去设计和促进。

康旗股份拥有一个非常强大、专业的猎头团队，这让它得以在高速发展阶段快速吸纳优质、强干的人才，甚至有不少行业“大牛”加入其中。杨咏秋表示：“首先，我们会把比较多的精力放在人才入口关，就是人才获取的高效率，其中包括人才的有效性，就是用最短的时间找到最适合我们的人才。其次，我们会更多地关注人岗的匹配，引进来的人才放在什么岗位和平台上能让他发挥最大的能量，给他配以什么样的资源和支持，也是人力资源工作的一个重要的环节。在这个基础上，最后一个环节就是人才的裂变，即打造‘铁杆型’核心员工，并帮助他们构建自我驱动力，激发他们的创造力，通过提供创新项目等空间和平台，鼓励他们走出舒适区，最大化地实现个人价值，与公司一同发展和成长。”

除了独到的“人才经”，康旗股份的成功也取决于整个组织内部的扁平化决策沟通，杨咏秋认为，大部分企业随着体量的扩充，很容易走一条逐级报批的低效决策模式，为了杜绝这种“大公司病”，康旗股份做了很多创新，简化沟通程序，使决策结构呈现

扁平化状态。

康旗股份遵循“开放、联结、共享”的企业文化，淡化组织的边界，打通不同的业务板块和单元，把愿意参与其中的人才都纳入进来贡献力量，这种靠兴趣和意愿构建的自发性组织往往会带来意想不到的成果，快速推进创新业务落地。

专业快速的人才储备、扁平高效的纵向决策以及横向的开放连接，这三大秘籍让康旗股份在高效率的驱动下，实现了最优的资源配置，实现了企业的快速发展和盈利。

“好玩”的企业文化，让正能量深入人心

人才引进来，更要留得住。康旗股份在经营人才上，擅长运用“企业文化”这一建立心灵黏性的法宝来持续带给员工良好的工作体验。

杨咏秋认为，康旗股份的企业文化基于它的商业智慧，“文化”这个抽象的概念是非常需要稳健的商业成就作为支撑的，并非空中楼阁，同时，它也是公司业务上的一个抓手，这种无形的资产对于整个团队的滋润和渗透，间接地成就了业务的蒸蒸日上。

康旗股份倡导正能量的文化追求，“奋斗、荣誉、成长”是它的精神内核。“奋斗”是康旗股份整体的精神状态，CEO 刘涛发挥榜样的力量，以自身的勤勉和奋斗感染着公司的员工，带领员工一起拼搏；而“荣誉”则源自康旗股份自身的出众，凭借过硬的科技实力和精益求精的服务理念，赢得了客户的好评、社会的认可，并实现了价值；“成长”是对自身持续的鞭策，刘涛一直勉励自己，也鼓励员工要在成长的路径上去不断发展自己。

成长并非停留在自我鞭策和激励上，康旗股份为员工悉心打造了一套自有的培训体系，并通过成熟的运营，致力于打造完整的人才链闭环。杨咏秋认为，公司建立的学习体系不能单纯地被称为培训机制，更多的是一个发展机制。为了让企业的大脑更精干，公司针对高管开设季度性的领导力修炼，提升整个公司的管理水平和效率；还针对年轻员工开办了“90 后经营培训营”，激发这一生力军群体的活力，帮助他们更快速地成长，锻造成精英。

杨咏秋认为，好的企业文化应该让每个人都意识到，“我们不是一个索取者、评价者，而是作为一个参与者切身地感受文化的内涵”。文化就像空气一样，潜移默化地滋养着创新能力。而正能量的渗透并非依靠宣导或鸡汤，而是通过“好玩”的形式让每个身在其中的人获得正向的感知。

新品研讨会，刘涛会突然找一个从未参与这个项目的员工参与讨论——开发团队可以把这个员工理解成一无所知的客户，一个好的产品，就是要让“小白”也能“秒懂”。

加班累了，公司里有吧台，喝一杯，可以放松，说不定还可以和同事进行一场跨部门交流，互相启迪。要是晚了，公司里有行军床。

新加入的团队要把自己团队的靓照海报亮相于电梯，这是全公司人流量最大的共享空间，在这里亮相，可以迅速融入团队。

哪个团队有新项目了，要开“新闻发布会”昭告同人，说不定可以汇整资源、吸引人才，也激发自己全力以赴。

“五四”青年节，公司全体一起玩“快闪”，网红、无人机一起上，要玩就认真玩。玩出样子的团队，才能做出像样子的产品。

员工演讲，要站在大堂，面对进进出出的同人一展风采，只有具有综合素质的人，才会有更丰富的视角，更大的职业发展空间。

公司门口挂一个萌宠鹩哥，这是公司的标识，创新无边界，企业形象也有创新空间。

康旗股份员工多才多艺，充满正能量，每一层楼梯都有员工创作的漫画，因为创新也是要快乐的。

在新经济浪潮中，每一家企业都在探索属于自己的赛道，并致力于通过颠覆式创新来到达成功的彼岸，康旗股份通过因地制宜的战略、敏锐的效率和强大的执行力让这家企业在不断克服阵痛中破茧成蝶。科技金融作为人工智能驱动的新兴业务模块，可供借鉴的经验不多，很长一段时间内将依然在探索中前行，需要更多的像“康旗股份”这样的先驱开疆拓土，引领产业的进一步崛起。

LIANJIA

南京链家，人才的“链接”之道

李晗 | 本刊记者

在充分考察调研了南京的楼市和土地招拍挂资源后，2011年3月18日，链家地产在南京的第一家门店——龙凤花园店开始试运营，从此拉开了链家地产在南京不动产买卖租赁市场开疆拓土的序幕。

7年时间里，南京链家由最初的1家门店发展到300余家，所属的房产经纪人也由个位数发展到3000余人，为无数南京的业主和客户提供了优质的服务，在南京的不动产买卖租赁市场打下了半壁江山。在门店和房产经纪人呈几何规模级数增长的同时，南京链家面临的第一个巨大挑战，就是人才的招聘、管理和培养。

以企业价值观为尺度，从人才入口把控标准

房地产中介行业是一个受政策影响比较大的行业，从2000年到2010年，中国楼市经历了高速发展的10年，同样，房地产中介也伴随着楼市经历了狂飙突进发展的10年。这10年里，各地的房地产中介商如雨后春笋般的进入市场，由于门槛不高，随之而来的就是行业间野蛮竞争、从业人员素质的参差不齐等，直接导致了房地产中介在客户中口碑不佳，很多人一度将房产经纪人与“骗子”画等号。这些现象犹如房地产中介商发展的瓶颈，严重制约了房地产中介商向专业化、规范化的发展，同时，人才流失严重也制约了专业、高端行业人才的培养。

南京链家地产成立之初也面临着这个问题。为了招聘到合适的从业人员，南京链家以“诚实守信、客户至上、

拼搏进取、团队作战”的企业价值观为尺度，从入口处把控人才标准，招聘人才时重点考量三方面因素。第一是学历，第二是心理素质和个人修养，第三则是“兼远性”。

一般的中介行业，对从业人员的学历要求不高，但是南京链家招聘房产经纪人，则要求是统招本科学历，或者至少有一到两年从业经历的统招专科生。进入南京市场的7年来，南京链家每年两季都会到大学做校招，每年的招聘指标中，至少50%以上是本科院校毕业。学历未必和能力画等号，但学历能够证明一个人的求学经历和学习能力，具备学习能力的人，在哪里都是潜力股。

房产经纪人作为一个销售岗位，注定会在工作中遭受到很多拒绝，因此从业人员良好的心理素质和抗压能力是必须具备的，而销售的最高境界不是话术不是套路，是客户对销售人员的人品认可，诚实守信对销售人员来说尤为重要。这些要求在南京链家的招聘中，都有细化的考评标准。

南京链家所谓的“兼远性”，主要是指人才对一段时期内的收入期许和长期的职业规划。房地产中介行业并不是一个赚快钱的行业，因为整个交易过程从资源开发到签约环节，快的话可能是三五个月，有时甚至花费一年到两年的时间都有可能。因此新人入行的第一年内，基本是在学习、积累专业知识和资源，这个阶段的收入很难达到某个标准，只有真正入行后，收入才会有一个明显的提升，这就不仅需要从业人员耐得住“清贫”，还要能清楚自己的职业方向，愿意在这个行业一直做下去。对于南京链家来说，这样的人才就是企业非常愿意招录并培养的人才，也是企业人才储备库的优质基因。

以职级细化培训标准，为员工打通晋升通道

南京链家的管理层岗位，95%都是由基层员工培养起来的。从刚开始进入链家的“小白”，到独当一面的店面负责人、商圈经理甚至更高级别的职务，南京链家有一整套成体系的培训和考核标准。

针对刚进入链家的新人，链家的新人培训内容主要是包括行业现状和发展、房地产交易基础知识、链家的发展和企业文化、商务礼仪等，快速带领新人入行，成为一名合格的房产经纪人。经过半年到一年的磨合期，南京链家会针对性地对房产经纪人进行“进阶培训”，即掌握更多更深的专业知识，为更好地服务客户和员工自身能力的提升做准备，这一时期的培训主要包括签约风险把控、相关法律法规、政策解读等能提升综合业务素质的内容。再往上的培训，就是针对店面经理、商圈负责人的人才储备培训，这一时期的培训除了业务知识外，主要是团队管理、成本利润核算的培训等。

南京链家的培训体系中，还有一个非常值得一提的地方，那就是这些培训95%都由内部完成，所有的讲师也全部来自业务一线，都经过了公司培训部的讲师认证。由于讲师全都来源于基层，他们有着扎实的业务功底和一线经验，这样的培训不仅是知识的传授，更是经验的传递，好比是老师傅的“传帮带”，非常的接地气，对被培训对象来说，接受程度也非常高。

有培训晋升，就有相应的考核。链家地产在行业内第一个提出塑造“中国第一代房产经纪人”的概念，所有的培训体系和考核，也以这个为基础展开。对房产经纪人的考核，主要从专业度和操守两个层面展开。

专业度比较容易量化，主要从三个方面去衡量考核，第一个是在某个商圈的从业时长。只有在某个商圈从业的时长达到一定量，才能让业主熟悉链家的品牌，也才能熟悉经纪人。第二个是成交技术。当经纪人的买单和卖单操作达到一定量，遇到的问题和解决问题足够多，专业度才会越来越高，也才能得到客户的认可。第三个则是南京链家独有的一年两次的“搏学考试”。这个“搏”不是“博学”的“博”，而是“拼搏”的“搏”，寓意通过拼搏努力，不断学习成长，这个“搏学考试”既有常见的业务知识点，也有场景案例，模拟房产交易各个环节中出现问题的处置。被称为链家内部高考的“搏学考试”，是每位员工成长、晋升的必经之路。

操守是不太容易量化的标准，南京链家在对房产经纪人这方面的考核分为外部客户评价和内部同事评价两个方面。外部客户评价上，从经纪人与客户接触带看开始到最后所有交易完成，客户可以通过链家的App对经纪人的服务进行全程评价，这些评价

会直接用于经纪人的绩效考核中。比如南京链家的一位经纪人长期在某社区服务，一次某位业主的母亲生病了，但是业主本人由于工作不能第一时间赶回家，由于业主和这位经纪人接触的时间较长比较信任，就给这位经纪人打电话请求帮忙照顾一下，这位经纪人放下工作就立刻去了业主家中，业主回家后，着实好好感谢了店面和这位经纪人。这样的事例还有很多，很多员工做这些事都是自发的、热心的，但客观上，这些都可以通过 App 反映到绩效考核中。

内部的同事评价上，主要是指团队意识和团队合作，比如老员工让着新人，级别高的让着级别低的，甚至男经纪人让着女经纪人……销售团队内部肯定是有竞争的，如果在一些资源上产生碰撞，链家内部会利用这种互让的形式解决问题。这不仅是考核的方法，更是“团队合作”企业价值观的落地。

通过完整的培训体系和因地制宜的考核方法，南京链家不仅将入职的新人迅速打造为专业的房产经纪人，还为全体员工的层层晋升打通了一条公平竞争之路。

雇主品牌建设，从“授人以鱼”到“授人以誉”

参加南京链家面试的新人都会被问到同一个问题——“您为什么会选择链家？”很多人会说，从各种途径听到过，或是熟人朋友，或是和链家本身有过接触，总之基本是因为链家在业内的口碑不错。成立 7 年来，南京链家一直致力为每一位链家人打造一个真诚快乐、公平公正的平台，从“授人以鱼”到“授人以誉”6 个阶段，从保障员工的生活到职业规划，再到荣誉使命和个人价值的实现，南京链家努力培养员工，与员工共同成就，努力建设良好雇主品牌。

所谓“授人以鱼”，是指给予新人进入企业后的各种保障机制，让他们顺利渡过第一年的沉淀期，一年以后的经纪人，会有更高的激励，只要愿意付出，就会得到更多的收入。满足基生本活所需后，追求专业技能的提升就是自然而然的了，这时候南京链家进入到“授人以渔”的第二个阶段，用各种培训帮助员工提升综合素质，让这些成为他们终身受益的本领。

第三个是“授人以欲”，南京链家有一个“累计积分”的绩效制度。这个“累计积分”既是过去业绩贡献的体现，平常“搏学考试”成绩、晋升为讲师等都会计入积分，并得到相应的奖励。这些积分终身有效，在链家做得越久，积分越多，获得的提点和奖励就越多。这些制度旨在激励员工朝着目标不断进取，授之以“欲”。

工作离不开放松和娱乐，因此第四个是“授人以娱”。他们有丰富的文体活动，包括各式各样的运动会、球类比赛、传统节假日的庆祝、入职周年庆等。这些活动不仅有利于经纪人释放工作的压力，也增进了内部的团结协作，活跃了工作氛围。

第五个是“授人以遇”。南京链家现在有近 400 家门店，95% 的管理层都是从基层做起来的，而且仍有很多管理岗位空缺，他们通过良好的培训机制和激励机制，鼓励每位员工争取自己职业生涯的最大发展，并为他们搭建这样的平台，提供好的机遇，只要努力最终都会有相应的回报。

第六个是“授人以誉”。南京链家每个月和每半年，都有群英会和表彰大会，还有年度的“精英社”评比。获得表彰的员工，不仅有丰富的奖励，还可以邀请自己的父母家人来到现场，一起分享荣誉带来的喜悦，让员工的家人们安心，员工也就没有了后顾之忧。荣誉感是个人价值的体现方式之一，带着荣誉感工作是真正快乐的工作。

链接每一个家

南京链家的每家门店里，都有准备雨伞或一次性雨衣，以备周边居民的不时之需；他们也设有自己的爱心图书馆，接受图书捐赠，并且定期安排员工一对一亲手送到接受捐赠者的手中。每年，他们都会根据交易经验编写《交易风险手册》《购置风险手册》，由经纪人无偿送给带看的业主、客户，甚至服务的小区居民，不管房子最后是否通过链家买卖，业主都可以通过些知识点把控交易风险……每个进入南京链家的经纪人，在这个平台上起步、晋升、实现自我价值，用专业的知识和技能链接了每一个家，也是成就众人关于家的梦想的守望者。